理解

现实

困惑

轻度

PSYCHOLOGY

AI Writing Guide

AI写作指南

刘东 / 著

中国纺织出版社有限公司

内 容 提 要

　　生成式人工智能（AIGC）是一场科技革命，以它为核心的人工智能技术正在以爆炸式的速度改变我们的生活。AIGC对科研写作，特别是社会科学领域写作的影响是颠覆性的。AIGC技术可以成为科研团队的全能助理，极大地提升写作效率。未来的3年中，在社会科学领域，谁能够最先把这些技术融会贯通，谁就有潜力把自己变成一个团队，成为超级作者。本书简要阐释了正确应用AIGC技术的原则与方法论，明确了符合学术伦理和研究思路的使用逻辑。

图书在版编目（CIP）数据

　　AI写作指南 / 刘东著 . -- 北京：中国纺织出版社有限公司，2023.10（2024.3重印）

　　ISBN 978-7-5229-0814-4

　　Ⅰ. ①A… Ⅱ. ①刘… Ⅲ. ①计算机应用— 写作
Ⅳ. ①H05-39

中国国家版本馆CIP数据核字（2023）第145954号

责任编辑：关雪菁　朱安润　　　责任校对：王蕙莹
责任印制：王艳丽

中国纺织出版社有限公司出版发行
地址：北京市朝阳区百子湾东里 A407号楼　邮政编码：100124
销售电话：010—67004422　传真：010—87155801
http://www.c-textilep.com
中国纺织出版社天猫旗舰店
官方微博 http://weibo.com/2119887771
北京华联印刷有限公司印刷　各地新华书店经销
2023年10月第1版　2024年3月第2次印刷
开本：710×1000　1/16　印张：13.5
字数：165千字　定价：68.00元

凡购本书，如有缺页、倒页、脱页，由本社图书营销中心调换

学术伦理承诺书

　　我谨此郑重声明，本书《AI 写作指南》全部内容均出自我的独立研究和原创思考。在创作过程中，我严格遵循学术道德和学术规范，未有剽窃、抄袭、篡改或伪造等不端行为。

　　对于引用或借鉴他人的观点、理论、数据或材料，我均已明确标注并合理引用。任何未予标注的部分，均为我的独立成果。

　　我承诺，该作品符合相关法律法规和学术伦理要求，尊重并保护他人的知识产权。

　　　　　　　　　　　　　　　　　　　　刘东

　　　　　　　　　　　　　　　　　2023 年 8 月 1 日

序

你想成为超级作者吗?

尊敬的读者:

嘿,你知道吗?我们正处在一个激动人心的时代,每个人都有机会成为一个超级英雄。哦,别误会,我并不是在说我们要穿上紧身衣、戴上面具,飞天遁地去打击邪恶。我说的是,我们有机会成为一种全新的英雄——超级作者。

你可能在想:"超级作者?那是什么东西?"嗯,这就是你手中这本书的主题。这个全新的英雄角色就是由那些能够利用 ChatGPT 技术优雅撰写科研论文的人扮演的。这听起来像是科幻小说,但我保证,这是现实,也是我们要共同面对的未来。

ChatGPT,这个名字可能让你想起了一些高深莫测的技术名词,但其实它就像是一个高智商的、有趣的,甚至有时候有点怪异的朋友。它可以帮你找到最棘手的问题的答案,可以帮你写出最动人的论文,

🌀 **术语解释**

ChatGPT 是一个人工智能聊天机器人,最初是基于一系列大型语言模型(LLMs)构建的。

还可以在你困惑时给你灵感。但最重要的是，它可以帮你成为那个你一直渴望成为的人——超级作者。

这本书不仅是一本教程，更是一本指南，一本通往未来的指南。它将带你进入 ChatGPT 的世界，教你如何运用这个强大的工具来提升你的写作能力，让你的论文更有深度和广度。

我敢保证，如果你能跟着这本书的步骤走，你将在科研领域独占鳌头，成为顶端 5% 的超级作者。不仅如此，你还会享受到写作的乐趣，因为你会发现，有了 ChatGPT，写作会变得更加轻松愉快。

现在，把你的笔准备好，打开你的电脑，让我们一起踏上这个智能写作的奇妙旅程吧。记住，这本书并非你的终点，而是你通往未来的起点。现在，让我们一起迎接超级作者的时代吧！

让我们一起玩转科技，成就未来！

ChatGPT

以科技之力，启发学术突破

生成式人工智能（AIGC）正在引领一场科技革命，以其为核心的人工智能技术以惊人的速度改变着我们的生活。在这场变革中，AIGC 对科研写作，特别是社会科学领域的写作产生了深远的影响。以 ChatGPT 为代表的 AIGC 技术已逐渐成为科研团队的得力助手，大幅度提高写作效率。然而，我们必须理解，"简单地使用相关工具直接生成有价值的文章"这一想法是天真的。**AI时代的写作或其他任何创作对人的创造性的要求只会更高。**

未来的 3 年里，在社会科学领域，谁能最先将这些技术融会贯通，谁就有潜力将个人实力扩展至一个团队，成为超级作者。预计未来的科研市场将呈现出 90% 的论文由 5% 的作者发表的局面。面对这样的前景，谁不想成为那 5% 的佼佼者呢？

🌀 **术语解释**

人工智能（Artificial Intelligence，AI）是指人工制造出来的系统所展现出的似乎具有智能的行为，包括学习、理解、适应、自我改进和解决问题等能力。

为了跟上这一发展趋势，快速学习并掌握 ChatGPT 对于每个科研工作者和学生都变得至关重要。本书作为专门研究 ChatGPT 写作技巧的专业书籍，旨在帮助读者迅速掌握该技术。我们将从以下几个方面进行详细讲解：使用范围、相关产品、辅助选题、写作方法、查找和总结参考文献、撰写引言和理论框架、开展讨论与推理、论文润色等。在讨论这些主题时，我们会严格遵循国际当前的学术伦理标准，并在文中明确说明使用相关工具生成的内容。此外，本书第十一章还将提供 68 条常用于学术写作的文字提示，以助读者更好地运用 ChatGPT 技术。

作者深信，掌握本书的方法后，你的写作效率将大大提升，从而在激烈的科研竞争中脱颖而出。我们正迅速从"互联网 +"时代跃进到"AI+"时代，我们唯一能做的，就是积极投身其中，成为这个时代的弄潮儿。

让我们共同期待，本书将引领你进入一个全新的智能写作时代，助你以科技之力，实现学术成就的突破。

需要指出的是，本书中提供的 AI 写作技巧和方法，都是用以辅助写作、提高写作技巧的工具，最关键的还是作者本身的思想。请大家按照期刊或学位论文要求，在要求范围内正确使用 AI 工具辅助写作，提高写作效率！

刘东

中国人民大学明新楼

目录

1

Chapter One

第一章

如何使用 AI 工具是符合学术伦理的

ChatGPT 就像是一个白领助手。它可以帮助你完成需要阅读、写作和推理的任务，例如销售、文档处理和客户服务等。

——微软公司创始人，比尔·盖茨

(Bill Gates)

是的，这确实是一个突然的变化。在 ChatGPT 的世界里，我们将需要以不同的方式去完成很多有意义的事业，但我相信我们可以解决如何在这样的环境中教人写作的问题。

——宾夕法尼亚大学沃顿商学院教授，伊桑·莫利克

（Ethan Mollick）

一、论文写作是否可以借助 AI 生成工具？

在初步探讨这个问题之前，我们需要明确论文写作的本质。论文写作的关键目标是创造新的知识，而不仅是展示写作技巧。虽然写作技巧对于知识创新具有辅助作用，但论文写作的核心在于创新和创造，而非单纯的写作过程。因此，我们需要清楚地认识到，论文写作和中学生的作业或作文有着本质的区别，论文的价值在于对新知识的创造以及对人类认知的改变，而不仅是写作技巧。

人的精力是有限的，对于科研工作者而言，他们的精力更是宝贵的。在过去，写作被视为一项需要长期精进的重要科研技能，这无疑消耗了科研工作者大量的时间。然而，创新和写作并非必然相关。一个拥有卓越写作能力的人并不一定拥有强大的创新能力，反之亦然。ChatGPT 的出现为科研工作者节省了大量时间，这些时间可以被用于深入思考和创新。

一位从事科研工作 10 年以上的研究者深知选题对论文的重要性。选择好的论文选题犹如选择了一个好的人生起点。有些人生来就在罗马，而有些人则需要付出毕生的努力才能抵达罗马。论文也是如此，好的选题可以决定论文价值的 60% 甚至更多，而糟糕的选题根本不值得浪费时间。麻省理工学院和加州理工学院等学校顶级实验室的研究者之所以每年能在《自然》（Nature）和《科学》（Science）杂志上发表大量的文章，是因为除了充足的经费和聪明才智，他们还花费了大量时间解决最有价值、最前沿的研究问题。社会科学研究者也应该学习这一点，我们至少应该将一半的时间用于思考和筛选问题，而不仅是写作。ChatGPT 为我们提供了一款非常有价值的工具，它可以帮助我们从烦琐的写作任务中解脱出来，为我们腾出更多的时间去思考更有价值的问题。因此，从这个角度来看，ChatGPT 将极大地推动高质量论文的产生，而非阻碍科学发展。

二、合理使用 AI 工具的 3 个原则

虽然使用 ChatGPT 生成学术内容可能会引发一些伦理问题，包括知识产权、透明度、责任和道德等方面，但是随着这项技术的快速进步，AI 已经渗透到科研工作的方方面面。因此，我们需要更多关注如何使用 ChatGPT，而不是简单地禁止其使用。尽管现在许多知名大学（如香港大学）禁止在课堂和校园内使用 ChatGPT 和相关的 AI 工具，但我认为这种全面封锁只是短期的。一个来自牛津大学的研究团队使用 ChatGPT 编写了一篇关于 AI 在医疗保健领域的伦理影响的论文。他们将这篇论文提交给了该领域的顶级期刊《自然机器智能》（*Nature Machine Intelligence*），并被接受发表。该论文因其原创性、清晰度和相关性而受到赞誉。研究人员表示，ChatGPT 帮助他们节省了大量的时间和精力，同时也启发他们探索新的想法和视角。他们还将 ChatGPT 列为共同作者，并在论文中透露了其使用情况。

当整个社会、所有行业都在快速接纳 AI 时，大学也应顺应潮流。大学是社会的一部分，学生们需要应对现实世界的挑战，使用 AI 的学生在进入工作岗位的时候将具备更高的行业竞争力。尽管像 ChatGPT、Midjourney 这样的 AI 平台只出现了几个月，但是许多设计类、销售类的岗位在招聘时已经开始要求职员掌握类似的 AI 技能。

那么，如何在符合学术伦理的前提下使用 ChatGPT 呢？我们查阅了最新的文献并总结出 3 个重要原则。[①]

原则一：AI 工具不能被列为论文的作者。COPE 最近的一项声明表示，"AI 工具无法满足作者身份的要求"。AI 工具应当被视为一种工具，如同使用计算机、实验仪器等。这是因为 AI 工具不具备创新性，其输出的内容取决于输入的数据和预设的程序。

---

① 我们参考了四大出版社（包括 Nature 和 Springer 等）和出版道德委员会（Committee on Publication Ethics，COPE）的建议。COPE 是一个致力于提高学术出版道德和质量的国际组织，它为出版商、编辑和作者提供指导，以确保出版物的质量和完整性，并处理出版伦理相关的问题。

所有的创新和成果都应归功于使用 AI 工具的研究人员。

原则二：使用 AI 工具进行论文写作时，必须在论文中明确声明。这是为了维护学术的透明性和公正性，使读者能够了解论文生成的过程。

原则三：尽管 AI 工具可以帮助我们节省时间和精力，但它不能代替我们进行创新和思考。只有人类才能做出真正的科学创新。AI 工具仅仅是一种辅助工具，我们不能过度依赖它。同时，需要对 AI 工具生成的内容进行审查和修改，且遵守学术规范。

以上的这 3 条是学术界现有的对使用 ChatGPT 的基本要求。我认为在未来一两年时间内，随着学术界对 AIGC 技术认识的加深，专门针对人工智能技术的学术使用规范会迅速形成体系。在这之前，我们可以按照这 3 条来规范自己对 ChatGPT 的使用。**总的原则是，可以利用 ChatGPT 来辅助写作，但不要使用它来替代自己。**

总之，尽管我们需要警惕使用 AI 工具可能带来的潜在风险，但我们也应该认识到，合理使用这些工具可以提高研究效率，减轻科研工作者的负担，从而释放更多时间用于创新性思考。但在这一过程中，**我们必须始终遵循学术伦理原则，确保 AI 工具的使用不会损害学术的完整性和创新性。**

NOTES

本章小结

▌ AI 工具可以帮助科研人员节省时间，投入更多精力于创新思考和研究。

▌ 使用 AI 工具需要遵循 3 个原则：

    1. AI 工具不能被列为论文作者；

    2. 使用 AI 工具的情况需在论文中明确声明；

    3. 需要对 AI 工具生成的内容进行审查和修改，且遵守学术规范。

▌ 虽然使用 AI 工具可能存在伦理挑战，但对其加以合理使用可以带来明显好处。

2

Chapter Two

第二章

论文写作和 AI 相关产品

AI 技术的进步速度（我不是指狭义的 AI 技术）是非常快的。除非你直接接触到像 Deepmind 这样的团队，否则你根本不知道它有多快——它以接近指数级的速度增长。

> —— 特斯拉公司创始人兼首席执行官，埃隆·马斯克
>
> （Elon Musk）

作为一个技术人员，我看到了 AI 技术和第四次工业革命将如何影响人们生活的每一个方面。

> ——斯坦福大学教授，李飞飞

现在市场上流行的基于 ChatGPT 的 AI 产品正在以爆炸式速度发展起来。每天早上起床，我要做的第一件事就是查看一下消息，看看有没有新的 AI 产品或功能公布。由此可见，AI 技术正在以肉眼可见的速度迅速渗透我们生活的方方面面。因此，本书只能够在 2023 年 5 ~ 6 月的技术基础之上 [①]，向大家介绍如何利用 ChatGPT 辅助论文写作。

一、第一种工具：GPT-4

现在 ChatGPT 的产品有两个版本，分别是 GPT-3.5 和 GPT-4。根据 ChatGPT 官方的说法，GPT-4 与 GPT-3.5 相比，在模型规模、训练数据、训练技巧和零样本学习能力等方面都有一定程度的提升，具有更高的准确性、稳定性和适应性。不过，很多人会觉得 GPT-4 和 GPT-3.5 使用起来没有太大差别。但是，在进行科研工作的时候，我建议大家使用 GPT-4 版本。原因如下：

（1）准确性更高　GPT-4 显著降低了产生错误的概率，并且在内部对抗性事实评估中比 GPT-3.5 得分高 40 分。科研工作对文字准确性的要求还是比较高的，而 GPT-3.5 很多时候产生的内容和事实大相径庭。我们在编写本书的时候进行了大量的练习，发现本书中很多任务对于 GPT-3.5 来说是无法完成的。比如，本书第五章谈到的模拟访谈任务，无论是采用 GPT-3.5 还是 CLAUDE 都无法完成。因此，采用精准度更高的 GPT-4 肯定是首选。

---

① 回溯过往的更新时间线，ChatGPT 更新的速度过快，本书主要讲解基本的使用思路和原理，具体的实操与更新请关注"AI 写作指南"微信公众号，持续学习。

（2）推理能力大幅提升 请参考表 2-1。在科研写作中，推理能力是仅次于创新能力的重要素质。GPT-4 的推理能力比 GPT-3.5 高出了 66%，这在写作中是非常重要的。另外，GPT-4 的理解能力也比 GPT-3.5 高出 3~4 倍。所以，大家在选择版本的时候一定要选择 GPT-4。我们在后面的章节中对它的这两项能力有重要的应用。

表 2-1　GPT-3.5 与 GPT-4 各项能力汇总

版本	评价维度		
	逻辑推理能力	速度	简洁性
GPT-3.5	3	2	1
GPT-4	5	2	4

注：评价满分为 5 分。

（3）更多的文字输入 GPT-4 可以允许输入更多的文字，最多能让用户输入 32 000 token①，大概 50 页英文文字长度。这可以说是一项非常大的进步，在写论文的时候这是一个非常有用的功能。我们需要让 ChatGPT 彻底了解一个小的研究领域，就需要大量的文字输入，这样它才能进行更为精准的输出，这一点对于论文写作来说非常重要。

二、第二种工具：搜索工具

虽然 ChatGPT 于 2023 年 5 月开放了联网插件功能和第三方插件功能，但我们试验了几次，发现即使采用了 ChatGPT 的插件联网搜索功能，也不能用它在谷歌学术等学术搜索引擎上搜集文献。因此，采用 ChatGPT 来搜集文献就不太可行了，这就说到我们需要的第二种 AI 工具——搜索工具，如新版必应。

使用新版必应需要安装开发版的微软 EDGE 浏览器，EDGE 浏览器上还提供了名为 COPILOT 的 AI 助手功能。如果点击浏览器右上角的"必应"按键，EDGE 浏览器就会

---

① Token 可以是一个字、一个词或一个符号。

弹出一个侧边栏,侧边栏上会有 3 个按钮,其中聊天(Chat)功能和必应的功能近似(见图 2-1)。

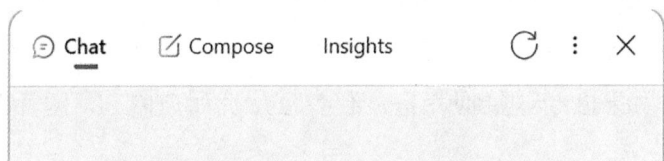

图 2-1　EDGE 浏览器的 COPILOT 功能（示例）

三、第三种工具：PDF 读取工具

最后，在读取文献的时候，我们需要 CHATDOC 或 CHATPDF 等工具来读取 PDF 论文。我们平时看的论文大多是以 PDF 格式存储的，因此，一款能让 ChatGPT 迅速读取 PDF 的工具是非常有用的，它能够帮助我们非常快速地提取英文文章里的信息，极大地加快我们的阅读速度。我们推荐两款工具，一款是 CHATPDF，另一款是 CHATDOC。

ChatGPT PLUS 于 2023 年 5 月中旬开放了第三方插件，因此，你也可以采用第三方插件 AskYourPDF 来上传文献,你可以通过提问的方式来让 ChatGPT 弹出对话框,直接上传 PDF 给 ChatGPT，如图 2-2 所示。

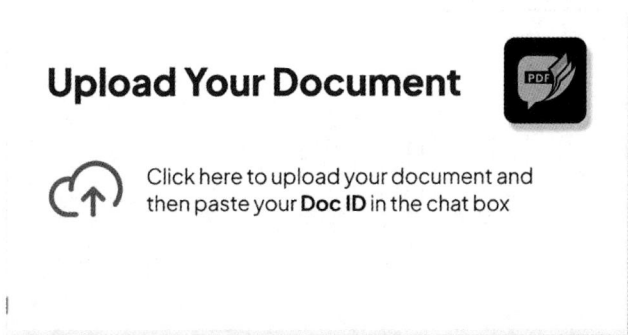

图 2-2　AskYourPDF 读取 PDF（示例）

文献上传完毕之后，会生成一个 PDF 的 ID 号（如 doc_id: 44967331-fc66-4497-bd2d-092e992f6395），我们在 ChatGPT 中打开 AskYourPDF 插件，然后直接让 ChatGPT 分析文献即可。相对于 CHATDOC 和 CHATPDF，使用插件可以让 ChatGPT 直接读取文件，比较简便。另外需要提醒的是，CHATPDF 和 CHATDOC 都有每天使用次数限制，如果想要无限制使用是需要付费的，比如 CHATPDF 的付费标准是 5 美元／月。

在本篇文章中，我们重点介绍了 3 款在论文写作过程中不可或缺的 ChatGPT 工具。然而，随着科技的飞速发展，市场上将涌现出更多实用的科研工具。为了让读者更全面地了解这些最新的工具，我们会在本书的官方微信公众号（ID：AI 写作指南）上实时更新相关信息，以便读者能够紧跟这个瞬息万变的时代，充分利用这些工具提升论文写作水平。

NOTES

本章小结

▌ 创作论文的 3 种 AI 工具：

1. GPT-4；
2. 新版必应聊天功能；
3. CHATPDF、CHATDOC 和 AskYourPDF 插件。

3

Chapter Three

第三章

做选题

人工智能是当今时代的一项重要技术，它为我们提供了无限的可能性，也带来了一些挑战。在学术研究中，如何利用人工智能做选题，是一个值得探讨的问题。本章将介绍一种使用 ChatGPT 做选题的方法，并分析其优缺点。"科学超出了知识本身，它是一种思维方式。"因此，我们不能完全依赖人工智能，而是要结合自己的创造力和批判性思维，这样才能做出有价值的研究。

在之前的讨论中，我们强调了选题对于一篇文章价值的重要性，一篇好的文章必定需要一个好的选题，而一个好的选题直接决定了这篇文章所能发表的期刊档次。对于社会科学的论文写作来说，这一点尤为重要。但是很多同学的做法恰恰相反，他们把很多时间放到了写作上，对于选题则是一带而过，随手想到一个题目就开始写，这属于严重的本末倒置。还有一些同学则是根本想不到写什么。这些问题的根源都在于没有大量阅读文献。

好的选题都是在现有文献的基础之上产生的。如果能够大量阅读文献并且肯琢磨，肯定会有一堆好的点子。那为什么很多同学不愿意读文献呢？因为这是一个苦活，特别"烧脑"的苦活。特别是在刚开始进入某个领域的时候，很多同学花好几天时间才能完成一篇英文文献的信息提取。

现在，随着 ChatGPT 技术的普及，这种苦活可以让 AI 来完成，在本章中，我们会从文献搜索、选题辅助、选题判断 3 个方面来讲解如何利用 ChatGPT 做选题。

一、文献搜索

首先，我们需要打开新版必应的聊天功能，界面请见图 3-1。对话样式我们可以选择"精确"。然后，只要在新主题中输入问题就可以了。

在搜索文献的时候，如果输入的是中文，那么必应只会搜索中文文献，如果输入的英文，搜索的范围则是英文文献。

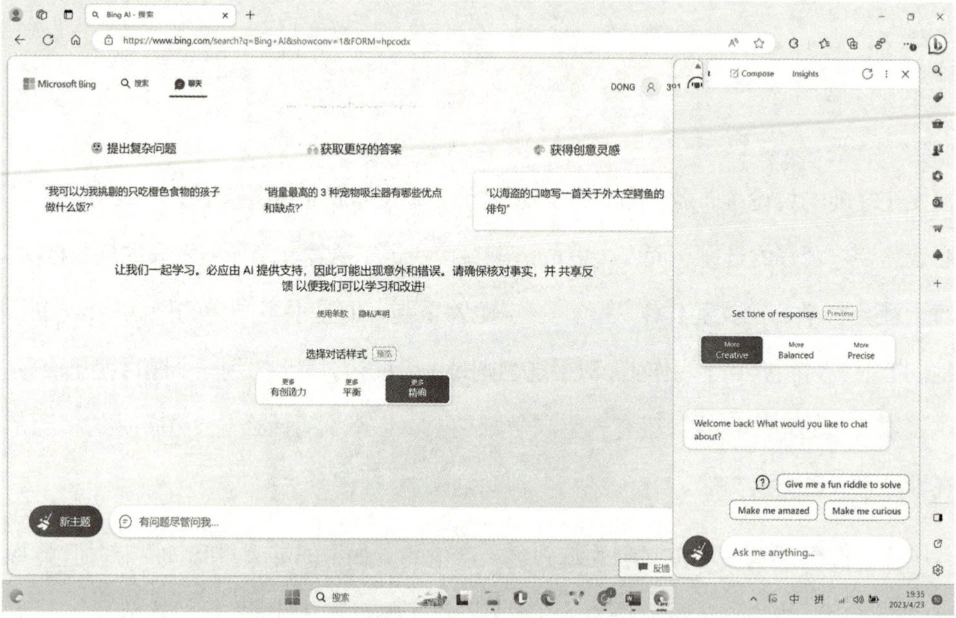

图 3-1　新版必应聊天功能（示例）

比如我想写一篇关于玩电子游戏对老年人心理健康影响效应的文章，需要让 AI 帮助查找这个领域最新的文献，我们可以在必应对话框中输入以下文字提示（prompt）。

文字提示	我想写一篇关于玩电子游戏对老年人心理健康影响效应的文章，请你帮我在百度学术上查找这个领域最新的文献。
prompt	I would like to write an article about the effect of playing video games on the mental health of older adults, please help me find the latest literature on Google Scholar.

值得注意的是，如果使用中文输入，新版必应就无法在谷歌学术上搜索最新文献，如果使用英文输入，新版必应就可以搜索（图 3-2、图 3-3）。因此，输入语言需要和搜索引擎相互对应，否则会出现错误的搜索结果，另外，我们还需要备注好使用的具体学术搜索引擎，否则新版必应只会反馈出一些非学术网站的搜索结果。

I found a few articles on Google Scholar that might be helpful for you. One study by Maras et al. (2015) found that there was a significant positive correlation between game time and depression in a large sample of Canadian adolescents [1] . Another study by Wang et al. (2018) found that playing video games can have a positive effect on older adults' mental health [2] .

I hope this helps! Let me know if you need more information.

新主题　　有问题尽管问我...

图 3-2　新版必应英文搜索文献（示例）

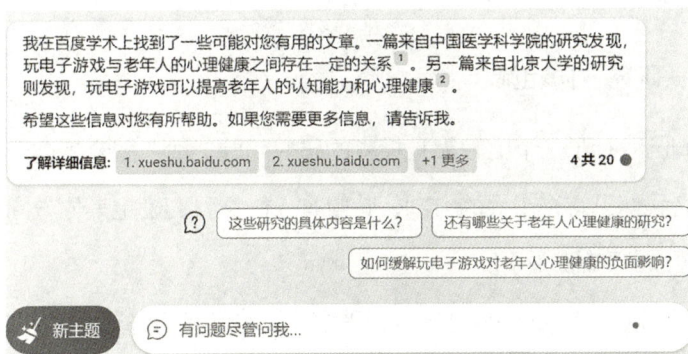

我在百度学术上找到了一些可能对您有用的文章。一篇来自中国医学科学院的研究发现，玩电子游戏与老年人的心理健康之间存在一定的关系 [1] 。另一篇来自北京大学的研究则发现，玩电子游戏可以提高老年人的认知能力和心理健康 [2] 。

希望这些信息对您有所帮助。如果您需要更多信息，请告诉我。

了解详细信息：　1. xueshu.baidu.com　　2. xueshu.baidu.com　　+1 更多　　　　　4 共 20 ●

这些研究的具体内容是什么？　　还有哪些关于老年人心理健康的研究？

如何缓解玩电子游戏对老年人心理健康的负面影响？

新主题　　有问题尽管问我...

图 3-3　新版必应中文搜索文献（示例）

从这些回答中大家会发现新版必应搜索文献的功能并不是很强大。我们给出的文字提示是老年、游戏、心理健康，但是它给出的两个结果里面有一个竟然是青少年人群的，因此，大家在使用新版必应搜索文献的时候，一定要仔细检查，它给出的结果不一定十分精准。

当然，你可以替换一些文字提示，来寻找自己最需要的文献，如下图所示。

文字提示	我想写一篇关于玩电子游戏对老年人心理健康影响效应的文章，请你帮我在百度学术上查找这个领域过去 5 年影响最大（或者受关注度最高的）的文献。
prompt	I would like to write an article about the effect of playing video games on the mental health of older adults, please help me find the most influential articles published in the past 5 years on Google Scholar.

总的来说，我还是建议采用学术引擎来搜索文献，比如谷歌学术、中国知网、WEB OF SCIENCE 等，通过人工来定位比较有影响力的文献。**现有的 ChatGPT 产品在文献搜索过程中只能作为一个参考，人工搜索文献的工作在现阶段是绝对无法被取代的。**

二、选题辅助

步骤一：研究方向粗筛

如果我们已经有了一个比较大且模糊的研究问题，现在需要将这个选题方向进行细化，或者我们只有一个大的方向，希望有人能帮我们确定具体方向，新版必应的聊天功能可以起到辅助作用。

比如，我们现在只有一个粗略的研究问题，这个时候我们需要把对话样式调成"有创造力"，输入以下文字提示。

> **文字提示** 我想写一篇关于玩电子游戏对老年人心理健康影响的文章，你能帮我找出这个主题的几个具体问题吗？

> **prompt** I would like to write an article about the effect of playing video games on the mental health of older adults, can you help me find several specific questions on this topic?

新版必应会给我们列举出几个可能的问题方向（图 3-4），比如：①打游戏可能改善老年人的记忆问题；②打游戏对老年人的身心健康可能造成的风险。

假如我们对第二个问题更感兴趣，也可以进一步追问，让必应提供进一步的信息（图 3-5）。在使用 AI 的时候，对上一步对话的细节部分进行更加细致的追问是十分必要的。追问越细致，追问的次数越多，则获得的答案越令人满意。

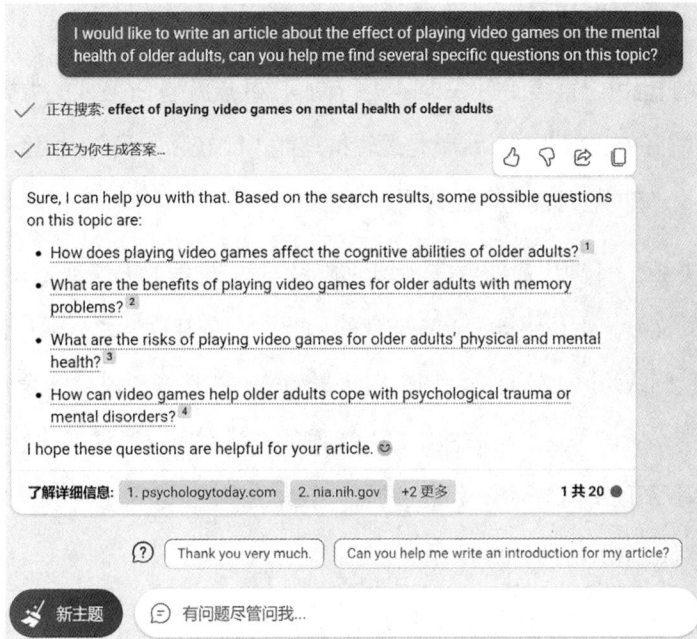

图 3-4 新版必应列举的研究问题（示例）

图 3-5 对新版必应进行进一步追问（示例）

步骤二：确定具体的研究问题

当然，我们也可以直接使用 GPT-4 进行询问，缺点就是 GPT-4 的数据没有联网。但是 GPT-4 的好处也很明显，那就是逻辑推理能力比较强。我们使用新版必应接入的是 GPT-3.5，它的推理能力明显较弱。

如何解决 GPT-4 缺失最新数据这个问题呢？我们推荐的方法是先人工查找最新的、最重要的文献，然后手动把这些文章的摘要输入 GPT-4，之后通过询问 GPT-4 进行选题。我们认为通过这种方法可以得到最为精准的选题建议。虽然步骤略复杂，但是得到的结果应该是这 3 种方法中最为精准的。我们可以通过这种方法得到最后的选题，并用 GPT-4 辅助写出最后的题目。前面的步骤虽然不用人工查阅文献，但是只能给出一个比较模糊的研究方向。

下面我们还是延续前面的步骤进行演示。假如我们对图 3-5 中的第四个选题感兴趣，即打游戏可以促进锻炼身体并改善老年人的认知与记忆水平，并想最终选定这个方向的题目，那么我们可以以"老年人""在线游戏""电子游戏""认知与记忆水平""锻炼身体"作为关键词在谷歌学术中搜索文献。

通过搜索和进一步的筛选，我们确定了如下 5 篇不错的文献。

前期准备

1. Toril, P., Reales, J. M., & Ballesteros, S. (2014). Video game training enhances cognition of older adults: A meta-analytic study. *Psychology and Aging*, *29*(3), 706-716.

2. Pyae, A., Liukkonen, T. N., Saarenpää, T., Luimula, M., Granholm, P., & Smed, J. (2016). When Japanese elderly people play a finnish physical exercise game: A usability study. *Journal of Usability Studies*, *11*(4), 131-152.

3. Cota, T. T., Ishitani, L., & Vieira Jr, N. (2015). Mobile game design for the elderly: A study with focus on the motivation to play. *Computers in Human Behavior*, *51*, 96-105.

4. Lagana, L., Sosa, G., Nakhla, M. Z., & Toscano, D. (2018). Cognitive gains from video game use in older age: A review of the literature corroborating them. *International Journal of Family & Community Medicine*, *2*(1), 11-17.

5. Basak, C., Boot, W. R., Voss, M. W., & Kramer, A. F. (2008). Can training in a real-time strategy video game attenuate cognitive decline in older adults? *Psychology and Aging*, *23*(4), 765-777.

这 5 篇文献并不是随意确定的，而是需要研究人员在至少泛读了文章摘要和文章结果的基础上进行选择。在确定采用这 5 篇文献作为基础资料之后，我们需要进一步总结这 5 篇文献的研究方法、主要结论和不足之处。

那么直接使用 5 篇文章的摘要可不可以呢？这里建议不要直接使用摘要，因为很多文章的摘要没有写文章的缺陷和不足，因此，我们需要重写总结。

我们可以采用 CHATPDF 这一工具来完成这一步骤。当你上传了文献后，你可以像下面这样，询问 CHATPDF 关于这篇文献的任何问题。

文字提示	你能否总结一下这个 PDF 中文章的方法、主要发现和不足？
prompt	Can you summarize the method, main finding, and limitation of this article in this pdf?

CHATPDF 就可以把这篇文献的方法、结论和不足之处都进行总结，见图 3-6。

> Can you summarize the method, main finding, and limitation of this article in this pdf?

Certainly!

Method: The study involved developing a digital catalog of games to identify the preferences of the elderly regarding game genres. Then, a game for smartphones was developed specifically for the elderly, taking into account the main features raised in previous activities. A group of elderly people played the game and were interviewed to determine the characteristics of the game considered relevant by them.

Main finding: The study found that several factors influence the motivation of the elderly to play mobile games, but the most evident motivational characteristic was that they consider digital games as important tools to help in the treatment of cognitive disorders due to aging.

Limitation: The study was conducted with a small sample size and only focused on one specific game. Therefore, further research is needed to generalize these findings to other games and populations.

Ask any question... ▷

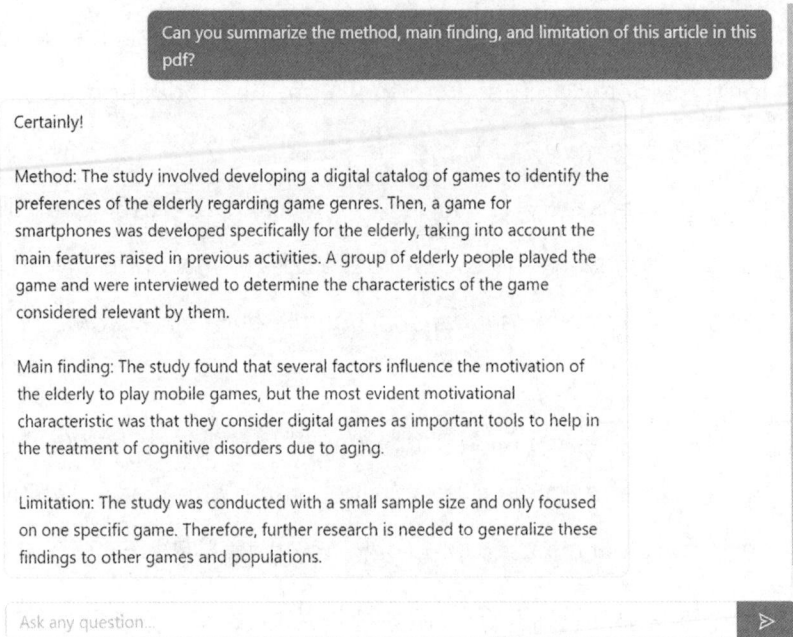

图 3-6　CHATPDF 总结文献（示例）

　　我们采用同样的方法，可以把这 5 篇文献的结论全部进行总结，并把这 5 篇文献的总结放到一起。

前期准备

STUDY 1: Pyae el al. (2016) found that the Finnish Skiing Game was a suitable game for elderly Japanese people because of its simple interface, easy game action, and friendly game context. The participants were interested in the gameplay and agreed that digital games could be an effective way of exercising. The limitations of this study include...

...（略）

STUDY 5: This meta-analytic study (Toril et al., 2014) analyzed individual studies published on the topic of video game training and cognitive functioning in healthy older adults since 1986. A total of 20 studies were included in the analysis, comprising 474 trained older adults and 439 control participants. Funnel plots were used to assess publication bias. The overall meta-analysis revealed that ...

在获得所有相关文献的总结之后，我们可以把相关文献提交给 GPT-4，然后让 GPT-4 在现有文献的基础之上，生成最有趣的或对实践最有意义的研究问题，以供我们参考。

文字提示　你现在是一名专注于研究老年人玩视频游戏影响的教授。你的一般研究问题是，玩视频游戏是否可以增强老年人的身体锻炼，从而进一步提高他们的认知能力。我在谷歌学术搜索了相关的文章，找到了 5 篇最相关的文章，这是它们的总结。

"STUDY 1

...

STUDY 5"

根据你的知识和这 5 篇论文，你能否让我的问题更具体、更有趣，并且对老年人的生活更有价值？

prompt　You are now a professor focusing on the effect of elder people playing video games. Your general question is to study whether playing video games can improve the exercises of elder people and further improve their cognitive ability. I searched google scholar and found the five most relevant articles, here are their summaries,

"STUDY 1

...

STUDY 5"

Based on your knowledge and these five papers, can you make my questions more specific, more interesting, and more valuable for elder people's life?

以下是 ChatGPT 反馈的回答。

什么类型的电子游戏对提高老年人的认知能力最有效，这些游戏在不同文化和地理区域之间有何不同？

What types of video games are most effective in improving cognitive abilities in elderly individuals, and how do these differ across various cultures and geographical regions?

不同的视频游戏持续时间和频率如何影响在老年人中观察到的认知益处，以及最大化认知改善的最佳游戏时长是多少？

How do varying durations and frequencies of video game play impact the cognitive benefits observed in older adults, and what is the optimal amount of gameplay for maximizing cognitive improvements?

视频游戏的社交方面，例如多人互动或在线社区，如何影响老年玩家的动机和认知益处？

How do the social aspects of video gaming, such as multiplayer interactions or online communities, influence the motivation and cognitive benefits for elderly players?

老年人从视频游戏中获得的认知益处在多大程度上转移到现实世界的任务和日常生活活动中？

To what extent do the cognitive benefits gained from video game play in older adults transfer to real-world tasks and daily living activities?

视频游戏干预如何根据老年人的个人认知和身体能力进行调整，以最大限度地提高参与度和有效性，同时最大限度地减少潜在的负面影响，如沮丧或过度劳累？

How can video game interventions be tailored to the individual cognitive and physical abilities of older adults to maximize engagement and effectiveness, while minimizing potential negative effects such as frustration or overexertion?

基于视频游戏的认知训练是否有助于延缓与年龄相关的认知障碍（如阿尔茨海默病或其他形式的痴呆症）的发作或减缓其进展？

Can video game-based cognitive training help delay the onset or slow down the progression of age-related cognitive disorders, such as Alzheimer's disease or other forms of dementia?

视频游戏开发人员如何结合无障碍功能和以用户为中心的设计原则来创建对不同技术水平的老年人更具吸引力和有益的游戏？

How can video game developers incorporate accessibility features and user-centered design principles to create games that are more appealing and beneficial for older adults with varying levels of technological proficiency?

　　GPT-4 反馈的问题已经比之前必应反馈的问题更加详细，有更多的细节，并且已经具有实际操作的可能性。到了这一步，我们基本已经可以确定研究的具体问题是什么了。比如说我们对第三个问题感兴趣，那么我们可以进一步让 GPT-4 帮助我们生成几个供最后定题参考的标题。

文字提示　我对第三个问题感兴趣。你能为我的论文构思几个标题吗？

prompt　I'm interested in the 3rd question. Can you develop several titles for my paper?

　　以下是 ChatGPT 反馈的回答。

心灵相通：探讨社交互动在老年人视频游戏及认知能力提升中的作用

Connected Minds: The Role of Social Interactions in Video Gaming and Cognitive Enhancement for Older Adults

建立联系，增强大脑：探索老年人视频游戏中的社交层面对认知提高的影响

Building Bonds and Boosting Brains: Exploring the Social Dimensions of Video Gaming for Cognitive Improvement in the Elderly

游戏的力量：视频游戏中的社交参与作为老年人认知益处的催化剂

The Power of Play: Social Engagement in Video Games as a Catalyst for Cognitive Benefits in Older Adults

共同老去：调查多人视频游戏对老年人认知表现和社会福祉的影响

Aging Together: Investigating the Impact of Multiplayer Video Games on Cognitive Performance and Social Well-being among Elderly Individuals

数字社交网络：通过视频游戏互动提高老年人认知能力和社会联系

Digital Social Networks: Enhancing Cognitive Abilities and Social Connectedness in Older Adults through Video Game Interactions

在线社区与衰老大脑：社交视频游戏在老年玩家认知健康和社会支持中的作用

Online Communities and the Aging Brain: The Role of Social Video Gaming in Cognitive Health and Social Support for Elderly Players

跨越屏幕：社交因素与老年人视频游戏认知收益之间的相互作用

Beyond the Screen: The Interplay of Social Factors and Cognitive Gains in Video Gaming for Older Adults

到这里，我们已经得到了几个还不错的、可供参考的研究题目，但是不用急于确定最终的题目。我们最好是等到分析完所有结果、决定了如何呈现研究结果、发展出研究主线的时候，再根据研究结果，参考这些题目，写一个最符合文章整体结果且最契合文章整体陈述主线的题目。

三、选题判断

当然，我们认为像 ChatGPT 一样的 AI 可以辅助选题，但是它只是起到辅助作用。

如果想要在一个领域选好一个题目，大量的文献阅读是必不可少的。上面的案例为了方便演示，只是列举了 5 篇文献，然而在实际写作中，只看 5 篇文献是远远不够的，有时候为了设计一个研究，研究者甚至需要看几百篇文献。有些读者可能会说，我们不是可以通过使用 CHATPDF 来快速获取一篇英文文献的主要信息吗？这个没有错，**先进的工具确实可以加快你阅读文献的速度，但是它不能代替你的思考和细节方面的阅读**。CHATPDF 适合快速泛读，通过它可以快速地泛读上百篇文献，快速进入一个新的领域，但是它不能完全替代精读。对于一些非常重要的文献，同学们还是需要反复精读，不断做笔记，从而加深对这个领域的理解。随着理解层次的加深，你就可以更好地判断 GPT-4 给出的选项中哪些是更有意义的，你也可以在 GPT-4 给出的参考答案的基础之上发展出更好的解决方案。

社会科学的选题可能比理工科更加困难，因为很多社会科学的领域很难对生产生活有非常直接的应用，大部分选题被认为研究的都是常识问题。我们经过多年的积累，为大家总结了 3 条能够判断选题价值的规律。

（1）能够直接应用于生产实践的选题　比如说，如何利用人工智能工具才能提升新闻行业的生产效率？

（2）研究的结果是反常识的　比如，沉默的螺旋理论指出，在公共舆论场中，个体因为担心自己的观点与主流舆论相悖而选择沉默，导致少数观点在公共舆论中被放大，形成虚假的舆论主导。这与我们通常认为的"多数人的观点会自然形成主流舆论"相悖。

（3）研究可以推动理论进步　这种选题非常普遍，占到所有选题的 90% 以上。这种选题的意义不大，但也能发表。现今发表在 SSCI 期刊上的大部分论文都属于这种类型。即使是顶级期刊上的论文也有很多属于这种选题。前两种选题属于可遇而不可求的类型，所以大家如果有机会能发现前两种选题，千万不要放过，一定要抓住机会，说不定你就是被上帝用苹果砸中的下一个幸运儿。

本章结束的时候，我希望大家能够记住这样一句话：**利用 AI，但不依赖 AI，受 AI 启发，但要保留自己的思想，自己负责最终的决策**。最好的选题肯定不是 AI 直接生成的，但有很大可能是在结合 AI 和资深研究者双方经验的基础之上产生的！

NOTES

本章小结

▌ 1. 目前的 AI 对中文的反应比较模糊，容易出错，同时要注意输入语言需与搜索引擎对应。

▌ 2. 使用 AI 搜索文献时，一定要检查结果，AI 的结果并不一定十分精准。

▌ 3. 手工搜索现阶段是无法被 AI 替代的。

▌ 4. 追问越多，答案越令人满意。

▌ 5. AI 可以加快速度，但不能代替思考。

4

Chapter Four

第四章

引言和理论框架的构建

学术写作中如何巧妙地运用人工智能来构建引言和理论框架，是一个待开发的学术领域。在此章节中，我们将探讨一种以 ChatGPT 为工具进行引言与理论框架构建的独特方法。史蒂文·斯皮尔伯格（Steven Spielberg）曾提出："灵魂的存在无法被想象或言说，更无法被任何算法所创造。"这是我们完全认同的观念。的确，尽管 ChatGPT 高度智能，但它无法为一篇文章注入灵魂。因此，我们在此章节中介绍的写作方法，是由作者掌控文章的核心灵魂，ChatGPT 则负责填充与完善细节。这种方法尊重了创作的灵感来源，同时充分利用了人工智能的强大功能。

前面我们讲了如何利用 ChatGPT 做选题，发现 ChatGPT 可以模仿导师的角色为选题提供指导。下面我们正式进入论文写作部分，让我们看看 ChatGPT 在这部分能够发挥多大的作用！

一、如何完成引言

社会科学论文的正文一般分为 4 个部分：引言（introduction）、方法（method）、结果（result）与讨论（discussion）。当然，论文还应该有摘要、参考文献和图表部分。这 4 个部分的写作难度为讨论大于引言，引言大于方法，方法大于结果。因此，如果我们按照正常顺序来写这篇文章，那么势必会从难度较大的引言起笔，这样肯定会徒增写作难度。这就好比是你要在规定时间内完成一张数学高考卷子，但是这个卷子有个特点，就是中间容易两头难，你如果按照顺序开始写的话，一旦卡住了写不出来，心态肯定会受影响。写作也是一样的道理，需要从较为容易的部分开始写，然后难度增大一点，逐渐变难。因此，我们进行社会科学论文写作的时候最好从中间往两边写，也就是先写结果和方法，做出图表，再写引言，最后再写讨论，把论文的各个部分"逐一击破"，然后把各个部分放到一起再通读一遍。当然，这里介绍的是我的个人经验。大家如果有自己独特的写作习惯，完全可以按照自己的习惯来。本书中，为了方便读者阅读，我们还是按照正常顺序来进行讲解。方法和结果部分的写作我们放到了下一章节，本章节我们主要关注引言部分的写作。

社会科学论文的引言包含了多个部分，包括研究背景、研究问题、理论框架和研究目的。其中研究背景部分需要简要介绍研究领域的背景，包括以前的研究、该领域的现状以及尚未解决的问题。研究背景应该引出研究问题，使读者了解为什么该问题很重要。这一部分通常出现在文章的第一段和第二段，通常从宏大的社会现象或社会问题入手，然后逐步引入现有的研究问题，再谈及该研究问题在现有文献中的解决程度以及研究空白，即哪些问题已经被解决了，哪些问题还没有被解决。

在前几段讲完研究背景、引入了研究问题之后，就需要开始搭建理论框架。理论框架的搭建是一篇社会科学论文的灵魂，一个好的理论框架能让整个论文上一个台阶。在社会科学论文中，评阅人经常强调论文需要有一个清晰、明确的理论框架，这是因为一个好的理论框架可以帮助研究者更好地定义研究问题、提出假设、选择适当的研究方法和分析数据。此外，一个好的理论框架还可以帮助研究者将自己的研究结果放入更广泛的理论框架中，从而加深对研究问题的理解和解释。我们在看审稿意见的时候，最常见的也是最致命的一种意见就是：这篇文章缺乏理论框架，或者理论框架不太合适。但是很多人就很困惑，还是不明白什么是理论框架。用更加直白的语言来说，写社会科学的论文就好比是讲一个故事，好的故事都有一条贯通始终的故事主线，这条主线会把故事中所有的人物、事件、冲突串联起来，让整个故事显得非常紧凑、有逻辑性。如果没有这条主线，那么故事就不好讲，就很杂乱。写社会科学的文章也是一样，需要一条主线，这条主线可以用一句话来概括，它可以把研究问题、研究数据和研究结论紧密地串起来，让整个故事前后呼应，听起来更有道理。与讲故事不同的是，社会科学论文的主线往往不是自己提出来的，它通常采用前人已经讲过的主线，在他们的基础之上进行发展。

二、如何完成理论框架

理论框架的选择是困难的。那么，我们能利用 ChatGPT 来帮助我们建构和选择理论框架吗？我们向大家介绍几种方法，大家可以按照推荐的步骤来寻找适合自己论文的理论框架，也可以自己探索更有效的文字提示和步骤。如果我们把 ChatGPT 看作一个"真实"的科研助理，希望它来帮助我们整理一篇社科论文的理论框架的话，那么首先这个科研助理需要做的就是更新知识库，需要阅读最新的文献。目前，

ChatGPT 的知识库只更新到了 2021 年 [1]，另外，ChatGPT 在训练的过程中可能无法获取受版权保护的论文，因此，它在特定学术领域的知识是非常有限的。我们需要对 ChatGPT 进行特定学术领域的再训练，才能让它成为这个领域名副其实的专家，来协助我们更为精准地完成任务。

1. 如何通过 AI 定位关键文献

如果我们确定了一个研究问题，那么在下笔之前，我们需要先搜集这个领域的文献，特别是关键文献。文献的搜集是一个苦活、累活，如今的文献浩若烟海，虽然有搜索引擎，但是从中筛选出自己想要的文献也需要一周以上的时间。我们需要把谷歌学术、WEB OF SCIENCE 和相关期刊用各种关键词都搜一遍。那么 ChatGPT 能不能帮助我们完成这个苦活呢？

答案是不能！至少现在不能。但是，我们为大家提供了一个叫作 ELICIT 的替代品，如图 4-1 所示，它是一款科研 AI 工具，可以用来搜索关键文献，只需要把问题输入图中的对话框，它就可以自动定位文献。我试验了几个研究问题，发现它定位的文献比较精准，可以作为一个高效的科研论文搜索工具。

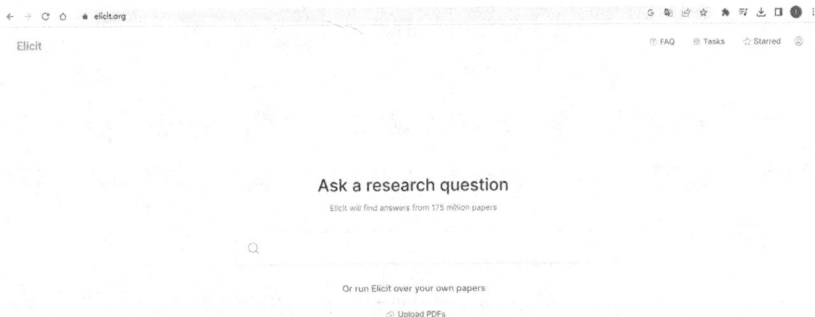

图 4-1　ELICIT 界面（示例）

---

[1]　截至本书出版时间。

　　假如我们现在的研究问题是："在线游戏对盲人和视力受损人士的心理健康有什么影响?"或"What is the effect of online gaming on mental health for blind and vision-impaired people?"我们直接输入问题，然后等上 3~5 分钟，它就会把相关文献进行定位，如图 4-2 所示。

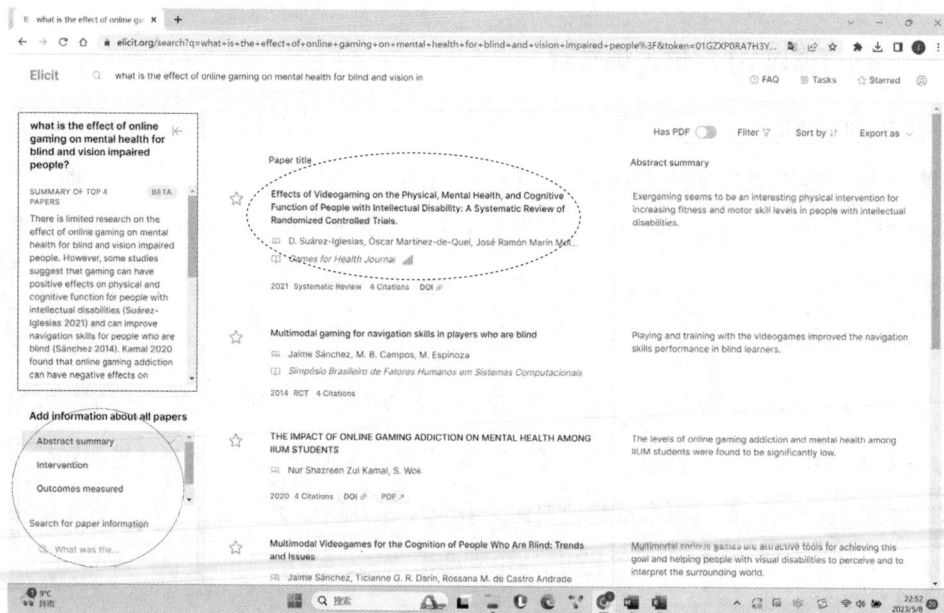

图 4-2　ELICIT 的使用（示例）

　　左侧实线方框内的是一个基于 4 篇文章的简短总结，右侧虚线圆框中的是它筛选出来的聚焦于该问题的文献。如果你随意点击其中一篇文献,它会弹出一个对话框,如图 4-3 所示。

　　图 4-3 中右侧是这篇文章的摘要，左侧是一个互动平台，你可以问 ELICIT 关于这篇文章的任何问题，它会基于这篇文章的信息给出回答。这个功能和 CHATPDF 比较像。下拉图 4-3 左侧对话框，会看到图 4-4 所示的交互式提问对话框，在这里我们就可以向它提问了。大家可以看到，不同于 CHATPDF，它还提供了其他相关文献对这篇文章的引用，这在写综述或讨论的时候非常有用。

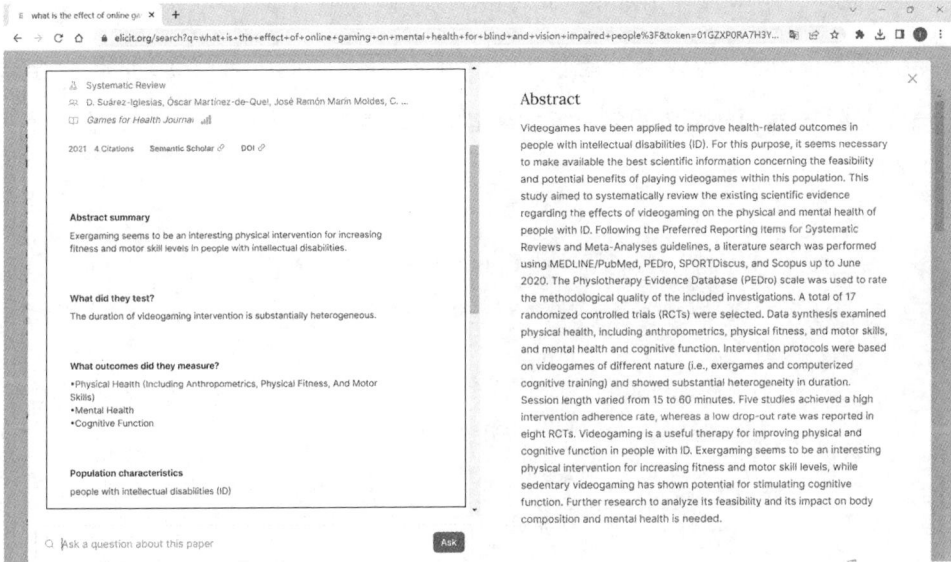

图 4-3 ELICIT 的文章对话框（示例）

Possible critiques

Fu et al. critique this paper, **Suárez-Iglesias et al.**, by saying:

Although there have been some review studies documenting the positive results on individuals with the physical health of developmental disabilities [14,15], their study group was limited to the children with a specific disability.

Other citations

Lancioni et al. said:

Although a recent effort was reported to synthesize the evidence in this area [46], such an effort (1) focused exclusively on studies assessing the impact of programs relying on video games and (2) included only 7 studies directed at people with intellectual disability over the 2010-2021 period.

Wang et al. said:

The relationship between sensory integration disorder and stereotypic behavior has been discussed by scholars who are interested in this area because of the similarities in their behavioral manifestations and the confusion that can arise [3].

Q Ask a question about this paper　　　　　　　Ask

图 4-4 ELICIT 的交互提问对话框（示例）

除此之外，ELICIT 还提供了一些常用的文章特征提取工具，当你点击图 4-2 中的左侧圆形框中的"寻找论文信息"（Search for paper information）功能时，会弹出一个对话框，里面都是文章的特征，如样本特征、结果特征、方法学特征等，见图 4-5。

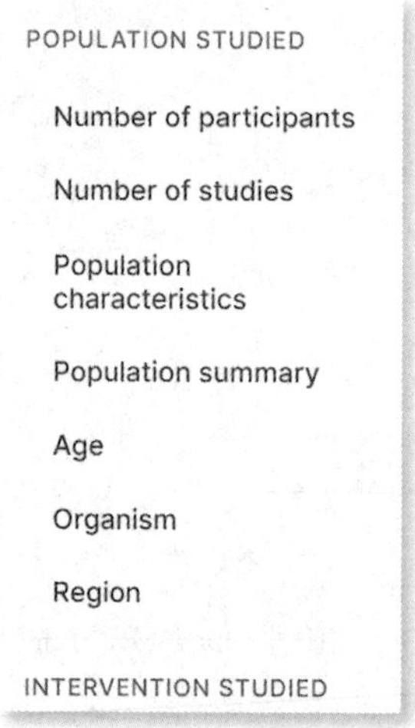

POPULATION STUDIED

Number of participants

Number of studies

Population characteristics

Population summary

Age

Organism

Region

INTERVENTION STUDIED

图 4-5　ELICIT 的特征提取（示例）

比如，如果点击文章特征中的"局限性"（limitation），那么图 4-2 所示的 ELICIT 主界面右侧会产生一个栏目，里面会把所有文章的局限性全部提取出来。这对于批量阅读文献、写文献综述来讲，真是一个非常有用的功能！虽然 ELICIT 自动定位文献、提取文献特征的功能非常有用，但是它有两个缺点：一是反应速度很慢，通常需要 3~5 分钟，这极大地影响了用户体验，觉得无法接受这一点的读者可以使用 CHATPDF，它的反应速度比 ELICIT 要快很多；二是它主要适用于英文文献，对于中文文献，它很难发挥作用。另外，虽然 ELICIT 能够定位关键文献，但是如果想要获取更加全面的文献资料，我们还是建议手动在学术引擎中搜索，如谷歌学术、中国知网。

2. ChatGPT 的专业化训练

一般来讲，ChatGPT 在一个小领域获得的信息越多，它能够达到的高度就越高。

理论上讲，我们只需要把所有相关文献输入 ChatGPT 就能够对它进行专业化训练。但在实际操作的过程中，可能还有几个问题需要解决。首先，输入多少文献是比较合适的？其次，这些文献的权重是不是一样的？我们认为，训练 ChatGPT 进行专业化写作，核心的参考文献是必不可少的，这些文献需要被赋予较强的权重，其他的文献可以多，但是权重要低。现在，我们给大家具体展示一下训练 ChatGPT 专业写作的步骤，并同无训练的 ChatGPT 进行对比，方便大家了解效果。

我们采用的案例是我们正在完成的一篇论文，这篇文章研究的是盲人玩游戏的动机，以及盲人玩电子游戏对他们的心理健康和社会性指标的影响。由于上一章节中所说的原因，ChatGPT 现有系列产品在搜索文献时存在一定的局限性，因此，我们还是采用手动的方式在谷歌学术、WEB OF SCIENCE 等搜索引擎上搜集了 40 篇相关文献。

步骤一：用 CHATPDF 总结文献

我们对这些文献进行了筛选，最后选择了最重要的 4 篇文献，先让 CHATPDF 总结文献。这里需要注意：文献的检索与筛选完全是采用人工的方式完成的。完成之后我们把这 4 篇文献的总结输入 CHATPDF，具体方式如下。

文字提示	请总结这篇研究论文的主要发现和意义。分析该论文的优缺点，特别是方法部分。描述该研究的理论框架及其与研究发现的关系。列出该研究的限制并提出未来研究方向的建议。
prompt	Please identify the key findings and implications of this research paper. Analyze the strengths and weaknesses of this paper, especially for the method part. Describe the theoretical framework of this study and how it relates to the finding. List the limitations of the study and suggestions for future research direction.

通过该指令，CHATPDF 会把 4 篇文献最重要的信息总结出来。

步骤二：将 ChatGPT 设置为专家

这个时候，我们需要再把这些信息输入 ChatGPT，让 ChatGPT 获得这部分信息。我们需要给 ChatGPT 设定一个角色，如社科类的大学教授，研究方向是玩电子游戏对盲人所产生的社会和心理效应。这个设定可以帮助 ChatGPT 设置一个和我们后续研究相匹配的角色环境，从而更好地回答我们后续的研究问题，文字提示如下：

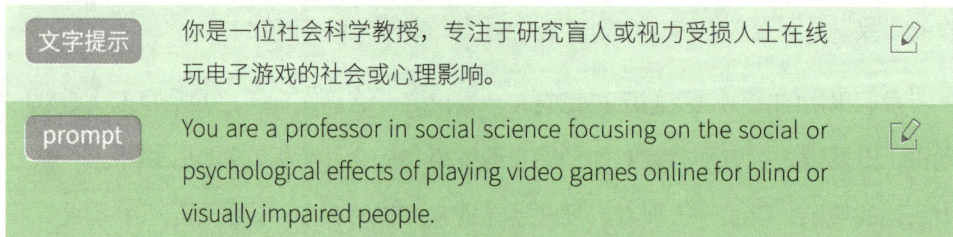

| 文字提示 | 你是一位社会科学教授，专注于研究盲人或视力受损人士在线玩电子游戏的社会或心理影响。 |

| prompt | You are a professor in social science focusing on the social or psychological effects of playing video games online for blind or visually impaired people. |

图 4-6 显示了 ChatGPT 对于该问题的回答，大家可以看到 ChatGPT 把该领域的议题进行了归类，分成了 5 个类别的主题，说明 ChatGPT 已经被成功设置为这个领域的专家。

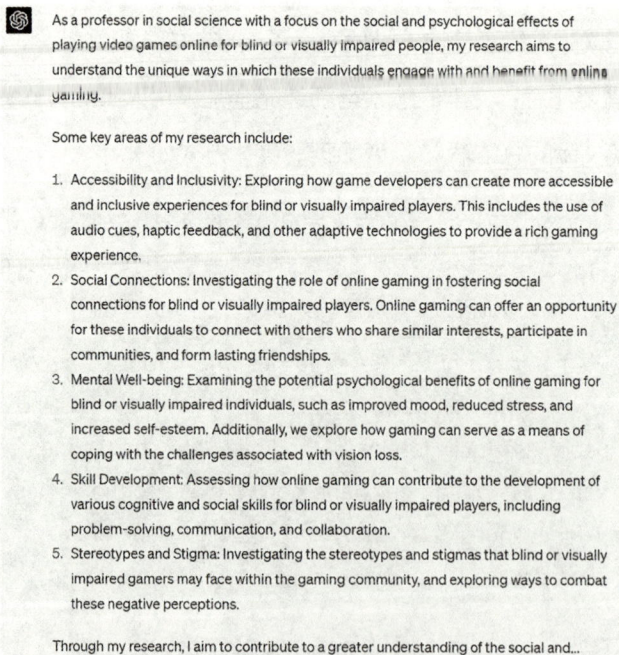

As a professor in social science with a focus on the social and psychological effects of playing video games online for blind or visually impaired people, my research aims to understand the unique ways in which these individuals engage with and benefit from online gaming.

Some key areas of my research include:

1. Accessibility and Inclusivity: Exploring how game developers can create more accessible and inclusive experiences for blind or visually impaired players. This includes the use of audio cues, haptic feedback, and other adaptive technologies to provide a rich gaming experience.
2. Social Connections: Investigating the role of online gaming in fostering social connections for blind or visually impaired players. Online gaming can offer an opportunity for these individuals to connect with others who share similar interests, participate in communities, and form lasting friendships.
3. Mental Well-being: Examining the potential psychological benefits of online gaming for blind or visually impaired individuals, such as improved mood, reduced stress, and increased self-esteem. Additionally, we explore how gaming can serve as a means of coping with the challenges associated with vision loss.
4. Skill Development: Assessing how online gaming can contribute to the development of various cognitive and social skills for blind or visually impaired players, including problem-solving, communication, and collaboration.
5. Stereotypes and Stigma: Investigating the stereotypes and stigmas that blind or visually impaired gamers may face within the gaming community, and exploring ways to combat these negative perceptions.

Through my research, I aim to contribute to a greater understanding of the social and...

图 4-6　ChatGPT 的回答（示例）

步骤三：发送最新文献

下面我们就可以将最新的文献发送给 ChatGPT，文字提示如下。

> 文字提示
>
> 以下是该领域最新发表的 4 篇文献的总结。
>
> "STUDY 1
>
> …
>
> STUDY 4"
>
> 你能简单总结一下这 4 篇论文吗？

> prompt
>
> Here is the summary of 4 recently published papers in this area.
>
> "STUDY 1
>
> …
>
> STUDY 4"
>
> Can you briefly summarize these 4 papers?

如果 ChatGPT 对这 4 篇文章进行了简述，说明 ChatGPT 已经成功读取了信息。

在这里，有同学可能会问，为什么不直接把整篇文章都输入 GPT-4？ GPT-4 是可以直接上传 PDF 文件的，我们可以直接采用 AskYourPDF 插件来依次上传论文的 PDF 版本，然后通过前面我们讲到的 CHATPDF 的文字提示来总结这篇文章。但它的缺点是每次只能上传一篇，立刻进行总结，如图 4-7 所示。

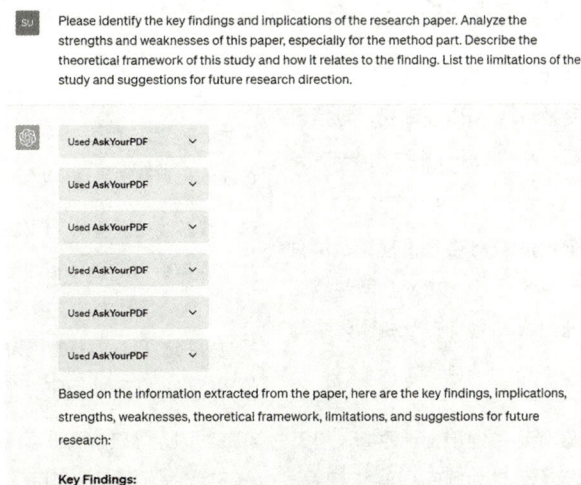

图 4-7　在 ChatGPT 直接上传 PDF 文件（示例）

步骤四：用 ChatGPT 设计选题

读取这些信息之后，我们可以让 ChatGPT 再来帮我们设计一下选题，文字提示如下。

文字提示	根据这 4 篇论文的局限性和你在这个领域的知识，请提供 3~5 个最有价值的下一步研究问题。请提供回答这些问题所使用的理论框架和研究方法。请以表格形式展示答案，包括 3 列：研究问题描述、理论框架描述和研究方法描述。
prompt	Based on the limitation of these four papers and your knowledge in this area, please provide us with 3-5 of the most valuable questions to be studied next. Please also provide the theoretical framework and research method used to answer the questions. Please show the answer in a table, with 3 columns, one column to describe the question, one column to describe the theory, and one column to describe the method.

表 4-1 是 ChatGPT 根据我们的要求提供的选题答案和表格，为便于理解，我们展示了中译版内容。

表 4-1　ChatGPT 训练后选题建议示例（中译版）

研究问题	理论框架	研究方法
1. 不同类型的在线游戏如何影响盲人和视觉受损玩家的社会和心理健康？	自决理论（SDT），侧重内在动机，包括自主性、能力和关联性。	通过比较各种游戏类型（例如，角色扮演游戏、策略游戏、休闲游戏）中的盲人和视觉受损玩家的体验,进行纵向混合方法研究。采用调查法、访谈法和观察法等数据收集方法。
2. 在线游戏社区如何促进对盲人和视觉受损玩家的包容性，并减少对他们的歧视？	社会身份理论，探讨个人如何认同并感知他们在社会团体中的成员身份。	对在线游戏社区互动（例如，论坛、游戏内聊天、社交媒体群组）进行质性分析，重点理解围绕盲人和视觉障碍者的态度、语言和行为。与盲人、视觉受损者和视力正常的游戏玩家进行小组讨论和访谈，以了解他们的经验和观点。
3. 什么是促成盲人和视觉受损玩家能使用的游戏设计成功的关键因素？	通用设计原则，设计为所有人可用的产品、环境和服务。	对成功的无障碍游戏进行案例研究，分析对盲人和视觉受损玩家的可用性有贡献的设计元素。通过开发者访谈、玩家反馈和专家评估收集数

续表

研究问题	理论框架	研究方法
		据。与盲人和视觉受损的游戏玩家进行可用性测试，以评估不同设计方法的有效性。
4. 文化、社会和经济因素如何影响不同国家的盲人和视觉受损玩家的游戏体验和可访问性？	交叉性理论，研究不同的社会身份和不平等方面如何交叉并影响体验。	采用混合方法进行跨文化比较研究，包括对来自不同文化背景的盲人和视觉受损游戏玩家进行调查、访谈和小组讨论。分析文化、社会和经济因素对游戏体验和可访问性的影响。
5. 如何设计基于游戏的干预措施，以改善盲人和视觉受损玩家的特定认知、社会或心理结果？	认知和社会学习理论，关注个人如何通过观察、模仿和强化获取新的知识和技能。	开发并评估针对盲人和视觉受损玩家的特定结果（例如，问题解决、沟通、自尊）的基于游戏的干预措施。采用前测－后测控制组设计，通过标准化评估、自我报告量表和质性访谈收集数据。

　　我认为这些问题都非常好，已经能够涉及前沿领域了。表 4-2 是没有经过训练的 ChatGPT 所给出的回答的中译版内容，大家可以看出来，这些回答是比较粗略的。

表 4-2　ChatGPT 未训练选题建议示例（中译版）

研究问题	理论框架	研究方法
1. 在线玩视频游戏对盲人或视觉受损者的心理健康和福祉有何影响？	社会认知理论	调查法、访谈法
2. 在线游戏对盲人或视觉受损者有何社会和情感益处？	自我决定理论	质性访谈法、观察法
3. 在线游戏对盲人或视觉受损者的社交关系和人际关系有何影响？	社交交换理论	混合方法（调查法和访谈法）

　　上面我们展示了如何训练 ChatGPT 成为某个小领域的前沿专家助理。在这个案例中，我们仅仅给 ChatGPT 输入了 4 篇论文进行训练，它的水平就已经能够突飞猛进，如果我们给出更多的训练信息，那么它会不会给出更加专业的回答呢？我们认为输入的文献并不是越多越好。如果输入的都是低质量的、相关性较弱的论文，那么增加的输入只会干扰 ChatGPT 生成最终的答案。

我们在训练 ChatGPT 的时候，最需要的是通过人工筛选文献，筛选出最为重要的文献，然后来训练 ChatGPT 阅读这些文献。因此，判断哪些文献是我们需要的、哪些文献是最有价值的，这是我们在训练 ChatGPT 中需要做的最为重要的工作。总的来说，如果输入的文献信息质量都很高且关联性很强，都是最近 3~5 年的最新文献，那么输入的文献数量就多多益善，训练的效果会随着文献数量的增多而提升。

通过上面的表格，我们发现训练过后的 ChatGPT 针对 5 个不同的问题给出了 5 种不同的理论框架。我们可以根据自己最后设定的研究问题，具体问题具体分析，选择其中一种理论为论文搭建框架。

3. 自上而下的写作方法与引言构建

ChatGPT 出现之后，网络上涌现出很多使用 ChatGPT 自动生成论文的视频。流程也非常简单，就是给 ChatGPT 一个问题，让它为你生成论文大纲，然后让 ChatGPT 根据论文大纲为你生成论文。很多人看到这里就惊呼，这样以后就不用人工写论文啦！

其实，这样让 ChatGPT 生成的论文有很大的局限性，质量不会特别好。另外，这样写出来的论文完全没有人工参与，在学术伦理上可能也不符合要求。我们建议引言部分还是需要完全采用人工的方式来完成，至少人工的部分不能少于 80%。我们不建议让 ChatGPT 来生成引言部分的论文大纲，也不建议让 ChatGPT 来直接生成引言。**我们认为引言部分的大纲一定需要作者亲自来完成，而且是在通读了 20~30 篇文献之后再下笔写**。当写完大纲之后，可以采用 ChatGPT 来查询理论和概念解释，也可以使用 ChatGPT 来辅助完成一些细节。至于让 ChatGPT 根据大纲来直接写作，我觉得这样生成的内容可以作为参考，但切不可直接使用。

我们继续上文"玩游戏对盲人所产生的社会和心理效应"的写作案例。我们通过阅读文献，确定了引言部分的大纲。如本章前些部分所言，引言的写作是漏斗状的，下面是我们在阅读了很多参考文献后完成的引言部分的大纲。

前期准备

1. 越来越多的盲人开始成为网络游戏的玩家，网络游戏逐渐成为盲人群体娱乐生活的重要部分，那么网络游戏会对盲人产生什么样的效应呢？**（说明问题是什么以及问题的重要性）**

    1.1 世界有 4 300 万盲人或视力受损人士，他们的生活面临诸多挑战，包括娱乐；

    1.2 在线游戏为盲人的娱乐生活提供了一种选择，它的效应如何？

2. 现有的盲人在线游戏的现状，介绍盲人现在是如何打游戏的。**（介绍背景）**

    2.1 盲人游戏采用的是 INCLUSIVE TECHNOLOGY，共两款；

    2.2 盲人游戏的类型有两种：一种是声音辅助，另一种是画面增强。

3. 在线游戏对盲人的潜在效应。**（基于现有文献讨论该问题的现状）**

    3.1 研究正常人游戏效应的论文很多，而且效应相互冲突；

    3.2 盲人的大部分相关研究认为游戏对盲人群体产生了正面效应，如促进学习、产生自主性、提升娱乐体验等，但也有少数负面效应，如产生挫败感；

    3.3 游戏的动机在这些游戏效应的产生中起到非常重要的作用。

4. 社会认同理论与盲人在线游戏。**（结合原有理论构建这篇文章的理论框架）**

    4.1 什么是社会认同理论？

    4.2 盲人通过在线游戏来认识更多的盲人朋友，通过同类社交逐步建立自己的身份认同。

5. 研究目的概要。**（明确全篇的具体研究问题）**

    5.1 开发盲人玩在线游戏的动机量表；

    5.2 了解盲人玩在线游戏对心理健康产生的效应，以及游戏动机产生的效应。

大纲部分的内容要尽可能详细，最好详细到每一个或每两个段落的内容。大纲设置好之后，我们可以再进一步写作每一个段落的内容。大家可以让 ChatGPT 来生成大纲，我们会发现 ChatGPT 生成的大纲比较死板，且缺乏理论框架部分。

文字提示 很少有研究探讨"在线游戏的动机及其与视觉障碍者（BVI）的福祉之间的关系"。我们的目标是"首先使用混合方法为视觉障碍者开发一个动机量表，然后探索游戏动机与视觉障碍者福祉之间的关系"。你能为这篇论文生成一个扩展的提纲吗？

prompt Few studies have explored "the motives of online gaming and its relationship with well-being among BVI people". We aim to first "develop a motive scale for BVI people with a mixed method and then explore the relationship between gaming motives and well-being among BVI people". Can you generate an expanded outline for the paper?

下面是 ChatGPT 生成的扩展版大纲。

1. 背景
1.1 网络游戏日益普及，其对社会产生的影响
1.2 研究盲人及视觉障碍者（BVI）在线游戏的重要性
1.3 在线游戏对 BVI 人群的潜在利益和挑战，包括社会联系和可访问性问题

2. 游戏动机
2.1 游戏动机的定义和解释
2.2 与游戏动机相关的理论，如自我决定理论（SDT）
2.3 现有关于一般人群的游戏动机及其与心理幸福感之间关系的研究
2.4 缺乏关于 BVI 个体游戏动机的研究及填补这一空白的需求

3. 心理幸福感
3.1 心理幸福感的定义和解释
3.2 幸福感的不同方面，如生活满意度、焦虑和社交恐惧症
3.3 现有关于在线游戏与心理幸福感之间关系的研究
3.4 游戏动机对 BVI 个体心理幸福感的潜在影响

4. 研究目标

4.1　使用混合方法为 BVI 人群开发游戏动机量表

4.2　探讨 BVI 人群游戏动机与心理幸福感之间的关系

5. 研究意义

5.1　了解 BVI 人群游戏动机和幸福感方面的理论意义

5.2　开发无障碍和包容性游戏体验的实践意义

5.3　促进 BVI 个体数字包容和心理健康的政策意义

通过对比，大家可以发现，ChatGPT 可以写论文大纲，但是写的大纲相对于专家写的大纲，比较格式化，聚焦能力较差，缺乏全面的理论框架，缺乏巧妙构思。这个水平可能只有高校本科二、三年级的普通水平。因此，我们不建议大家直接采用 ChatGPT 生成论文大纲，我们认为大纲还是需要作者精读文献，然后在熟悉文献的基础之上再开始写作。

论文的骨骼一定是由人来完成的，论文的肌肉和大动脉也需要作者尽量逐字逐句地写作。在这个基础之上，ChatGPT 可以对细枝末节进行丰富和修补。也就是说，ChatGPT 的作用相当于是把一幅 256×256 清晰度的图片给放大到 1 028×1 028 的程度，把一个已经有了灵魂、骨骼、肌肉、大动脉的论文给进一步填充好血肉。ChatGPT 这样的 AI 直接生成的论文引言大纲和内容是缺乏灵魂的，至少现在是缺乏的。我们称这种人工主导、AI 辅助的方法为自上而下的写作方式，把完全或者大部分采用 AI 生成论文的方法称为自下而上的写作方式。**我们在写作中一定要尽量避免自下而上的做法，这不仅会让我们变得懒惰，而且也会让我们失去灵魂！**

NOTES

本章小结

1. ChatGPT 在学术写作中可以模仿导师的角色，为我们选题提供指导。

2. ELICIT 工具可以辅助我们定位关键文献。

3. 利用已有文献训练 ChatGPT 进行写作。

4. 采用自上而下的写作方式，作者从构建大纲、细化大纲出发，逐渐完善引言，只将 AI 工具作为参考或用其完成细节工作，如概念查找等。

5

Chapter Five

第五章

对质性研究方法的变革

这种人工智能技术出现的重大历史意义，不亚于互联网和个人电脑的诞生。

——微软公司创始人，比尔·盖茨

ChatGPT 的出现可能会让社会科学的研究方法出现一次较大的变革。社会科学的研究方法可以划分为质性和量化两个大类。质性研究方法最重要的是对文字的整理和分析。AIGC 技术是一种机器对语言的理解与生成技术，它的急速发展可能会让质性研究方法产生质的飞跃，这是一种从半自动化方式向全自动化方式的跃迁。质性研究方法主要包括访谈、焦点小组讨论、内容分析、扎根理论、文本分析等。下面我们逐一讲解 ChatGPT 对这些方法的变革。

一、访谈法

访谈法是一种通过与研究对象进行一对一对话来收集数据的方法。访谈可以是结构化的、半结构化的或非结构化的。结构化访谈通常遵循预先设计的问题清单，非结构化访谈则更加灵活，允许研究者根据访谈过程调整问题。访谈法关注个体的观点和经验，适用于深入了解研究对象的内心世界和生活历程。

开展一个访谈的主要步骤如下：确定研究目的和问题、选择访谈类型、设计访谈提纲、确定访谈对象、安排访谈、进行访谈、访谈记录整理、数据分析、结果呈现、反思与评估。在这些环节中，我们可以利用 ChatGPT 设计访谈问题、进行模拟访谈、安排访谈时间表、整理访谈记录、分析数据、呈现结果，也就是说，10 个环节中有 6 个可以使用 ChatGPT 来进行辅助。

下面我们首先展示一下如何让 ChatGPT 生成访谈提纲。我们继续上一章的案例，研究问题还是"在线游戏对盲人或视力受损人士的心理健康方面的影响"，访谈可以分为结构化访谈和半结构化访谈，我们可以利用 ChatGPT 来生成访谈提纲和问题，如下。

| 文字提示 | 我的研究问题是在线游戏对盲人或视力受损人士心理健康方面的影响，我想要访谈 20 位盲人来回答这个问题，请帮助我生成一个结构化的访谈提纲。 |

| prompt | My research question is the impact of online gaming on the mental health of blind or visually impaired individuals, and I want to interview 20 blind people to answer this question. Please help me generate a structured interview outline. |

由于生成回答较长，我们在这里就不给大家放回答截图了。

| 文字提示 | 你能根据这个访谈提纲生成具体的访谈介绍和访谈问题吗？ |

| prompt | Can you generate a detailed interview introduction and interview questions based on this interview outline? |

假如你现在已经确定了你的访谈问题，你想测试一下这些问题是否有缺陷，或者发掘更有意思的问题，这个时候，你可以采用 ChatGPT 进行模拟访谈（见图 5-1）。

| 文字提示 | 假如你是一名在按摩店工作的盲人师傅，每天工作 8 小时，社交圈子主要是周围的人。我现在要花半小时问你一些问题。你会用手机打游戏吗？每天打多长时间？你为什么要玩这个游戏呢？ |

| prompt | Suppose you are a blind masseur working in a massage shop, working 8 hours a day, with your social circle primarily consisting of the people around you. I'm now going to ask you some questions for about half an hour. Do you play games on your phone? How long do you play each day? Why do you play this game? |

在模拟访谈中，你需要为角色设定非常具体的特征，这些特征一般包括地点、职业、性别、年龄等。这个模拟结果与真实访谈结果非常相似。模拟人物甚至提到了玩的主要是音频游戏，玩游戏的两个主要目的一个是放松，另一个是认识新朋友。

这和我们访谈的结果几乎一致。在开展真实访谈之前，我们可以通过进行模拟访谈的方式来改进访谈问题。

作为一名在按摩店工作的盲人师傅，我的生活节奏较为规律。每天工作8个小时，我主要通过触觉和听觉与周围的人交流。虽然我是个盲人，但在科技发展的帮助下，我也能使用智能手机。现在有很多应用程序和游戏是为视障人士设计的，这让我能够体验到科技带来的便利和乐趣。

我确实会用手机打游戏，但每天玩的时间并不固定，可能有时候只有十几分钟，有时候会有一个小时。我玩的游戏类型通常是那些为盲人设计的音频游戏。这些游戏主要依赖于声音提示，通过耳机来提供立体声效果，让我能够感受到游戏的世界。我之所以喜欢玩这些游戏，是因为它们能够帮助我在紧张的工作之余得到放松，同时也能锻炼我的听力和反应能力。

与此同时，这些游戏还能让我在社交圈子之外结识新朋友。有时，我们会在游戏里互动、交流，分享彼此的经验和生活。这对于扩大我的社交圈子、丰富我的生活体验是非常有帮助的。总之，尽管我是一名盲人按摩师傅，但我仍然热爱生活，享受科技带来的乐趣。

图 5-1　ChatGPT 模拟访谈（示例）

二、扎根理论

当我们拿到访谈结果时，我们有两种方式来分析这个文本数据。扎根理论(Grounded Theory)和框架分析法（ Framework Analysis ）是两种常用的质性研究方法，它们在研究目的、方法和过程上有一定的区别。扎根理论的主要目的是通过对数据的彻底分析，从数据中"扎根"地发现和建构新的理论。扎根理论强调对现象的深入理解和解释，试图揭示其内在联系和规律。扎根理论在数据分析中采用开放性编码、轴向编码和选择性编码等方法，以归纳、整合和构建概念、范畴和理论。扎根理论的分析过程通常是迭代、反复进行的。

框架分析法的目的则主要是对质性数据进行组织、分类和解释。它侧重于使用已有的理论和概念框架来指导数据分析，以回答特定的研究问题。框架分析法采用更加结构化的方法对数据进行分析，分析过程通常包括熟悉化、识别主题框架、索引、图表化、映射和解释等步骤。这种方法强调对数据的系统性和结构性处理。

扎根理论的分析过程往往是探索性的，研究者在分析中可能不断地调整概念、范畴和关系。这个过程需要研究者具有较高的创造性和灵活性。框架分析法的分析过程则相对更加确定和有序。研究者在分析前，通常会明确研究问题和分析框架，然后按照既定的步骤和顺序对数据进行处理。下面我们分别就如何运用 ChatGPT 来辅助扎根理论和框架分析开展介绍。

过去我们如果想要进行文本分析和编码，那么可能需要完全依赖人工的方式对访谈文本进行编码，但是现在 ChatGPT 可以做到全自动化的程度。我们首先采用扎根理论的开放性编码对一个盲人的访谈进行编码，访谈对话如下[①]。

"你为什么选择这个游戏？为什么这个游戏让你一直着迷，玩了两年多？那你和那个刘哥那边就是通过游戏认识的吗？还是不是？我们有个朋友。我们有个好朋友，我们俩共同认识一个朋友。他介绍我认识的，噢你们共同认识一个唉联系起来了你们。对当时是这个不是我们要组队刷副本，每次都要自己去招人，麻烦，他有两个号，我有一个号，我说你这个那个组队要三个人嘛。然后我就说你看看他愿不愿意带我，愿意带我的话，我也可以带他带我都可以看，所以有时间我说这个嗯你跟你跟他说一下，我让我的朋友嘛我的朋友问他，他说那可以，也免得我去招人，每次打打部门都要招人最好，我就说那个固定队每天早上。噢所以你们就这样结识了，对对对啊你们结识的那个游戏是什么？呀是挺有江湖嘛牛江湖的都是挺有江湖"

1. 设置背景文字提示

由于篇幅太长，我们省略了后面的对话内容，以下是 ChatGPT 的文字提示。

① 访谈文字直接由语音软件转录，未经整理加工，包含大量错误排版、错误识别以及口语冗余。

文字提示	你是一名社会科学学者，擅长使用访谈和扎根理论，擅长对访谈文本进行编码，你明白吗？

prompt	You are a scholar in the social sciences, skilled in using interviews and grounded theory, and adept at coding interview texts. Do you understand?

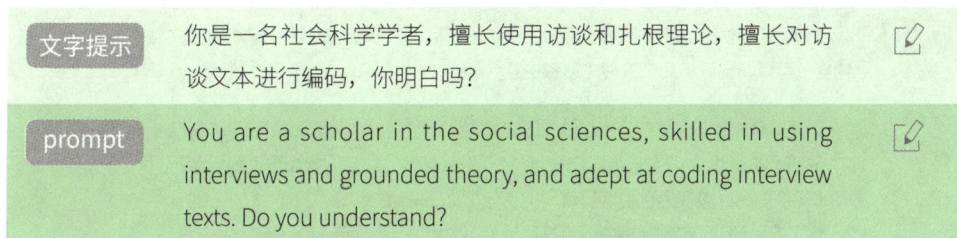

图 5-2 是 ChatGPT 的回答。

是的，我明白。作为一个基于GPT-4架构的AI，我可以理解并回答有关社会科学、访谈和扎根理论等相关问题。扎根理论（Grounded Theory）是一种广泛应用于社会科学领域的研究方法，它侧重于从数据中归纳出理论，而不是预先设定假设。访谈是一种常见的收集定性数据的方法，它可以帮助研究者了解受访者的观点、经历和动机。将访谈文本进行编码，则是为了从这些文本中提取有意义的信息，以便于进一步分析。

图 5-2　ChatGPT 对背景文字提示的回答（示例）

2. 输入访谈文本

调试好文字提示之后，我们可以开始输入访谈文本，但是 ChatGPT 输入访谈文本的时候有 3 500 字的长度限制，也就是说，一次只能输入 3 500 字的文本长度，如果文本过长，我们就需要分步输入，图 5-3、图 5-4 是 ChatGPT 的回答。

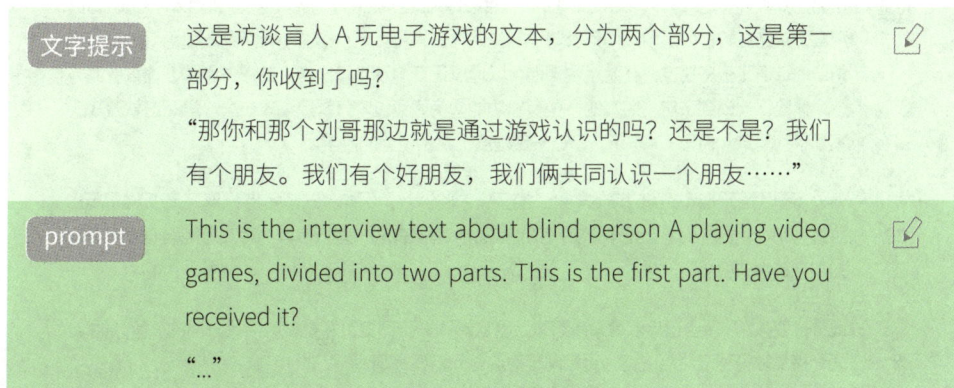

文字提示	这是访谈盲人 A 玩电子游戏的文本，分为两个部分，这是第一部分，你收到了吗？ "那你和那个刘哥那边就是通过游戏认识的吗？还是不是？我们有个朋友。我们有个好朋友，我们俩共同认识一个朋友……"

prompt	This is the interview text about blind person A playing video games, divided into two parts. This is the first part. Have you received it? " "

我收到了你提供的访谈文本第一部分,这是关于盲人A玩电子游戏的内容。根据你提供的访谈内容,可以看出以下几个关键信息和主题:

1. 访谈对象A是一位盲人,他通过共同的朋友认识了刘哥,并因为共同玩游戏而结识。
2. 他们玩的游戏类型是类似地下勇士的打怪升级游戏,访谈对象A玩了大约两年时间。
3. 访谈对象A一般在手机上玩游戏,觉得电脑比较麻烦。
4. 除了这款游戏,访谈对象A还会在手机上下象棋,但不会玩其他游戏。
5. 访谈对象A表示,玩游戏对他来说主要是为了放松心情和打发时间,他对游戏抱着不咸不淡的心态,不会特别着迷。

以上是对这段访谈内容的概括和分析。如果你有其他问题或需要对这部分内容进行更深入的分析,请告诉我。

图 5-3 ChatGPT 输入访谈文本的第一部分(示例)

文字提示 这是访谈文本盲人 B 的第二部分,你收到了吗?

"应该我估计。不到 1 000 人在玩这个游戏。对对对。主要是这游戏太久了,啊玩的人都觉得没啥,每天他是干这种重复的事太多了。他这个没多大意思,太重复了。这个游戏本身很重复……"

prompt This is the second part of the interview text with blind person B. Have you received it?

" "

是的,我收到了这段盲人A访谈文本的第二部分。在这一部分,访谈者询问了盲人A关于他玩声音游戏的经验,以及游戏如何影响他的生活。盲人A表示,虽然这个游戏很重复,但它确实帮助他结识了很多朋友。在游戏中,他可以通过语音提示进行操作,并通过调整语速来提高游戏体验。他谈到了这个游戏的一些有趣功能,例如通过吹气来提高攻击力。虽然这款游戏不是特别复杂,但盲人A表示,它在一定程度上满足了他的需求。

盲人A还提到了他所了解的其他一些适用于盲人的游戏,例如《三国名将》《鸿蒙天书》《风云再起》和《青秀江湖》。他表示,《清流江湖》稍微有趣一些,但其他游戏可能需要在吸引力和完善性方面进行改进。

此外,盲人A表示自己喜欢探索新事物,喜欢阅读关于历史、军事和政治等方面的书籍。他认为,接受教育程度较高的盲人更倾向于对这些领域感兴趣。

图 5-4 ChatGPT 输入访谈文本的第二部分(示例)

3. 进行开放式编码

文字提示　请对这个盲人 A 访谈的文本（共两个部分）进行开放式编码，并把编码和文中出处一一对应，做成表格。

prompt　Please perform open coding on this interview text of blind person A (consisting of two parts), and correspond each code with its source in the text, making it into a table.

从图 5-5 可以看到，ChatGPT 对访谈文本进行了编码。如果你觉得这个编码不是很全，或者你对这个编码不满意，也可以让 ChatGPT 重新再进行一次编码。

编码	文本出处
游戏类型	"应该我估计。不到1 000人在玩这个游戏。对对对。主要是这游戏太久了，啊玩的人都觉得没啥，每天他是干种重复的事太多了。他这个没多大意思，太重复了。这个游戏本身很重复。"
游戏操作方式	"这个是全凭声音对吗？对它全部凭借声音，它里边的这些怪呀这些东西啊都是都是靠声音，然后它里边的名言对我们我们就是听这个语音提示。"
调整语速	"你开始玩的你开始玩的时候把这个语速调慢一点，调慢，一点就能听得更清楚，后来你去习惯了就调快一点都无所谓。"
游戏对生活的影响	"那您觉得这个玩这个游戏嗯就给您带来的生活中的那种变化，比如说您交友方面的，还有您心理方面的变化，你觉得有吗？【问到了变化的问题，对自己生活的影响】游戏让我认识了一些不少的朋友，心理变化倒是没有。没觉得玩这个游戏给自己心里更会更快乐吗？还好。啊没觉得有多快乐多不快乐，就觉得还好。就觉得还好就是打发的时间。社交是一个很重要的一个感觉带来的。"
其他适用于盲人的游戏	"应该是在目前来说我知道有好几款游戏我们可以玩，一个是这个三国名将，一个是鸿蒙天书，嗯一个是风云再起，一个青秀江湖，就是这些手游游戏。"
吹气功能	"因为它它因为它这个你你打着打着它有一个它这个比如说你要打多一点，你在这个发烧的时候可以吹个气他这个吹气，然后他这个增加就会增加他的"

图 5-5　ChatGPT 对访谈文本进行开放式编码（示例）

文字提示　上面的编码不够详尽，请挖掘更多的编码。

prompt　The coding above is not detailed enough. Please extract more codes.

从图 5-6 可以看到，现在 ChatGPT 的编码会更加详细。

编码	文本出处
盲人A的游戏经历	"盲人A访谈的文本（共两个部分）"
游戏受众规模	"应该我估计。不到1 000人在玩这个游戏。"
游戏内容重复性	"主要是这游戏太久了，啊玩的人都觉得没啥，每天他是干这种重复的事太多了。他这个没多大意思，太重复了。这个游戏本身很重复。"
游戏声音设计	"这个是全凭声音对吗？对它全部凭借声音，它里边的这些怪呀这些东西啊都是都是靠声音。"
游戏提示方式	"然后它里边的就像那个你们名言上是看。字对不对？啊对我们我们。我们就是听他这个语音提示。"
游戏语速调整	"你开始玩的你开始玩的时候把这个语速调慢一点，调慢，一点就能听得更清楚，后来你去习惯了就调快一点都无所谓。"
游戏社交效果	"游戏让我认识了一些不少的朋友。"
游戏对心理的影响	"心理变化倒是没有。没觉得玩这个游戏给自己心里更会更快乐吗？还好。啊没觉得有多快乐多不快乐，就觉得还好。就觉得还好就是打发的时间。"
盲人可玩的游戏列表	"应该是在目前来说我知道有好几款游戏我们可以玩，一个是这个三国名将，一个是鸿蒙天书，喝一个是风云再起，一个青秀江湖，就是这些手游戏。"
游戏中的吹气功能	"因为它它因为它这个你你打着打着它有一个它这个比如说你要打多一点，你在这个发烧的时候可以吹个气他这个吹气

图 5-6　ChatGPT 再次对访谈文本进行开放式编码（示例）

按照这个步骤，我们可以通过 ChatGPT 对盲人 A、B、C 3 人逐一进行开放式编码。有同学可能会问，为什么不能一次性把文本输入，然后让 ChatGPT 一次性全部编码？这有 3 个方面的原因。首先，ChatGPT 的记忆容量非常有限，如果文本太长，它就会忘记前面我们给它输入过什么。其次，大量输入文本会导致 ChatGPT 出错，特别是在访谈文本没有整理干净的情况下，ChatGPT 在编码时会更容易出现错误。最后，GPT-4 的使用字数有限制，如果一次输入大量文本的话，会导致其立刻无法使用，转换成 GPT-3.5 版本。由于这 3 个原因，我们不能一次性把所有访谈记录全部输入 ChatGPT。可能还有同学会问，如果我的文本较多，那么我直接用 GPT-3.5 进行开放性编码不可以吗？我进行过多次试验，发现 GPT-3.5 进行编码的结果和 GPT-4 相比有较多错误，所以建议还是要采用 GPT-4 来完成开放性编码。

现在最好的方法是，如果每个人的访谈文本不多的话（少于 1 000 字），可以一次输入 4~5 个人的文本，同时进行编码。总之，一次输入的文本数量不要太多，最好是在 1 万字以下，分批进行编码处理。这个时候采用的文字提示如下。

| 文字提示 | 现在你收到了盲人 A、盲人 B、盲人 C 的访谈记录，请对盲人 A、盲人 B、盲人 C 的访谈进行开放式编码，并把编码和文中所有具体语句出处一一对应，一个编码可以对应多个语句出处，请做成表格，表格包含 4 列，一列是编码，一列是语句出处（要求写出具体句子），一列是该编码对应了多少出处，一列是所对应的访谈对象。 |

| prompt | Now you have received the interview records of blind persons A, B, and C. Please perform open coding on the interviews of blind persons A, B, and C, and correspond each code with all specific statements in the text. One code can correspond to multiple statement sources. Please make it into a table. The table includes four columns: one for the code, one for the statement source (requires writing out the specific sentence), one for the number of sources corresponding to the code, and one for the corresponding interviewee. |

上文的文字提示可以同时将 3 个人的访谈记录一次性编码，但是有严格的使用要求，如果文本过长，比如 C 的文本比较长，ChatGPT 就会忘记 A 和 B 输入的信息。所以，我们还是建议大家一次只输入并分析 1 个人的访谈文本，而且当 1 个人的访谈文本过长的时候（超过 2 万字），编码有可能也需要分批次来做。如果我们想看到所有的编码，请采用下面的提示词。图 5-7 为 ChatGPT 给出的答案。

| 文字提示 | 请列出所有的编码节点和对应的具体句子。 |

| prompt | Please list all coding nodes and their corresponding specific sentences. |

以下是盲人A、盲人B、盲人C的所有编码节点及其对应的具体句子：

盲人A：

- A1："我喜欢解谜游戏，因为它们对我的大脑很有刺激。"
- A2："我更喜欢通过触摸屏与游戏互动。"
- A3："和朋友一起玩游戏，让我感到更亲密。"
- A4："我曾在一个游戏社区里认识了一个很好的朋友。"
- A5："我玩游戏时，感觉像是进入了另一个世界。"
- A6："游戏让我忘记了自己的盲人身份。"
- A7："有时我会觉得自己花在游戏上的时间太多了。"

盲人B：

- B1："游戏给我带来了极大的满足感。"
- B2："我在游戏中取得的成就让我感到自豪。"
- B3："我喜欢和朋友分享我的游戏经历。"
- B4："在游戏中认识新朋友是一件很有趣的事情。"
- B5："通过游戏，我学到了如何更好地应对现实生活中的挑战。"
- B6："和朋友一起玩游戏，是我最喜欢的活动之一。"
- B7："我努力保持工作与游戏之间的平衡。"

图 5-7　ChatGPT 列出访谈文本的编码节点和对应出处（示例）

4. 进行轴向式编码

在得到编码之后，我们可以对这些编码进行归类，分析编码之间的关系。我们可以让 ChatGPT 帮助我们进行归类和轴向编码。首先，我们可以通过下面的文字提示，对比盲人 A、B、C 三人编码的相似和不同之处，ChatGPT 给出的回答见图 5-8。

文字提示	你能够对比盲人 A、盲人 B、盲人 C 的所有编码的相似性和差异性，找出他们共享的主题和独特的主题吗？
prompt	Can you compare the similarities and differences of all the codes from blind person A, B, and C, and identify the shared and unique themes among them?

当然可以，我会首先列出他们的共享主题，然后再讨论他们的独特主题。

共享主题：

1.**游戏的影响**：所有3位盲人都谈到了游戏对他们生活的影响，包括生活质量的改善、社交的机会、以及可能的消极影响（比如，时间和金钱的消耗）。

2.**社交和友情**：他们都提到了游戏作为社交平台的重要性，强调了通过游戏建立友情和社区的价值。

3.**游戏中的挑战**：他们都谈到了游戏中的挑战，包括争执、报复行为，以及如何处理这些问题。

独特主题：

1.**盲人A**：盲人A的一部分焦点在于游戏如何帮助他克服生活中的挑战，比如增强他的自尊心、提供逃避现实的方式、以及提供一个可以安全地实践和提高技能的环境。

2.**盲人B**：盲人B谈到了游戏如何提供了一个空间来探索和建立自我身份。他在游戏中尝试不同的角色，通过这种方式理解自己的性格和倾向。

3.**盲人C**：盲人C强调了游戏中的竞争性质，包括他与其他玩家的互动、游戏中的战斗和报复行为。他也谈到了如何通过游戏认识新朋友，并将这些虚拟关系转化为现实生活中的友谊。

总的来说，这3位盲人的体验都反映了游戏对他们生活的重要影响，但每个人的焦点和体验都有所不同。这种差异可能反映了他们的个人背景、性格和生活经历的差异。

图 5-8　ChatGPT 对比访谈文本（示例）

完成对比后，我们可以接着让 ChatGPT 进行轴向式编码，轴向式编码可以采用如下文字提示（由于现在流行双向编码，因此在文字提示中加入了要求），由于回答篇幅较长，我们在这里展示 ChatGPT 回答的部分结果，ChatGPT 给出的回答见图 5-9。

文字提示　你能把盲人 A、盲人 B、盲人 C 的所有编码归类到合适的主题下面吗？每个编码都可以归类到多个主题下，每个主题都可能有更多的子主题。要求列出所有的主题分类。

prompt　Can you categorize all the codes from blind persons A, B, and C under appropriate themes? Each code can be categorized under multiple themes, and each theme might have multiple sub-themes. Please list all the theme categories.

根据盲人A、盲人B、盲人C的访谈内容，我们可以提出一些主题，并将每个编码归类到相应的主题下。这里的分类是根据主题的共享和独特性进行的，每个编码可能归类到多个主题下，每个主题也可能包含更多的子主题。

一、游戏体验

1. 游戏的娱乐性
   - A1: 游戏体验的乐趣和兴奋
   - B1: 游戏体验的乐趣
   - C2: 游戏打发时间、增添生活乐趣
   - C4: 游戏中获得的小开心
2. 游戏的挑战性
   - A2: 游戏的复杂性和挑战性
   - C3: 游戏活动的挑战性
   - C5: 游戏的重复性导致无聊

二、游戏社交

1. 游戏中的友谊
   - A4: 游戏中的友谊和支持
   - B5: 游戏中的友谊
   - C10, C11, C14, C15: 游戏中的友谊和支持

图 5-9　ChatGPT 访谈文本的轴向编码（示例）

ChatGPT 根据之前进行的编码识别出几个主题并将它们归类，最后给出了 6 个类别，分别是游戏体验、社交体验、自我认知、游戏对生活的影响、游戏与现实世界的交叉、对盲人社区的认识和感受。在一级主题的基础之上，ChatGPT 还提供了二级主题分类，我们通过文本图表的方式更容易看到一级主题和二级主题之间的关系，ChatGPT 给出的回答见图 5-10。

文字提示　你可以用文本图表的方式展示一下这 6 类主题和具体编码之间的关系吗？

prompt　Using a text diagram, can you depict the relationships between these six categories of themes and the specific codes?

```markdown
1. 游戏体验
   - 游戏技巧与策略
     - 盲人A: 游戏中的地理知识
     - 盲人B: 游戏中的攻击策略，游戏中的防御策略
     - 盲人C: 游戏中的地理知识，游戏中的攻击策略，游戏中的防御策略
   - 游戏中的社交互动
     - 盲人A: 游戏中的朋友关系，游戏中的争执与报复
     - 盲人B: 游戏中的朋友关系，游戏中的争执与报复，游戏作为社交平台
     - 盲人C: 游戏中的朋友关系，游戏中的争执与报复，游戏作为社交平台

2. 游戏中的自我接纳与自我表达
   - 盲人A: 游戏中的自我接纳
   - 盲人B: 游戏中的自我接纳，游戏中的自我表达
   - 盲人C: 游戏中的自我接纳，游戏中的自我表达

3. 游戏对生活的影响
   - 盲人A: 游戏对心态的影响
   - 盲人B: 游戏对生活的影响
   - 盲人C: 游戏对生活的影响，游戏的时间和金钱消耗，游戏中的金钱交易

4. 游戏与现实世界的交叉
   - 盲人A: 现实生活中的朋友关系如何影响游戏
   - 盲人B: 无此编码
   - 盲人C: 游戏中的金钱交易
```

图 5-10　ChatGPT 展示主题和具体编码之间的关系（示例）

我们对比了人工编码，发现 ChatGPT 对主题分类的挖掘还是比较全面、客观的。人工编码主题归类的质量参差不齐，平均水平可能赶不上 ChatGPT 的质量。

有些同学可能会问，这个机器挖掘的主题会不会不全呢？如何能够尽量挖掘到最全的主题呢？我们可以采用 ChatGPT 聚类分析的方式挖掘新的主题。这些聚类分析可以作为编码归类和最后选择性编码的参考。它给出的结果可能不同于前面对主题进行的归类，可能能够产生新的主题类别。这里需要说明的是 ChatGPT 进行编码的聚类分析和统计软件中的聚类分析有所不同。统计软件中，聚类分析是一种统计学方法，用于根据某些特征（例如，相似的行为、偏好或属性）将数据点组合在一起。这种方法通常用于大量数据，并且需要一个度量相似性或距离的方式。ChatGPT 提供的是一个基于它之前编码的主题分类的概念聚类，这个聚类是基于各个编码主题

的相似性和差异性得到的。文字提示如下。

> **文字提示** 请对盲人 A、B、C 访谈的所有编码节点进行聚类。

> **prompt** Please cluster all the coding nodes from the interviews with blind persons A, B, and C.

当然，利用 ChatGPT 进行聚类分析时有一点需要注意，就是如果前面已经做过了编码的主题归纳，那么再进行聚类的时候，它很可能生成非常近似的主题，这个时候，如果想让 ChatGPT 多生成几次不同的聚类结果，可以采用如下的文字提示。

> **文字提示** 我要求你忘记你前面做过的主题归纳分析，利用盲人 A、盲人 B、盲人 C 的所有开放式编码，重新进行一次聚类。

> **prompt** I ask you to forget the thematic induction analysis you have done before and using all the open coding from blind persons A, B, and C, perform a new clustering.

大家可以多做几次，看看每次有什么不同，能不能生成更有意思的主题。当然，如果想要差别较大的结果，可能需要重开一次对话，重新进行一次开放式编码，然后进行聚类分析，这个时候有可能生成差别很大的主题。在同一个对话框中，虽然我们可以调整不同的文字提示，但是，生成的主题相似度还是比较高。

5. 进行选择性编码

选择性编码是扎根理论中用于整合和概括已识别的类别和概念之间关系的过程，以形成一个完整的理论框架。在选择性编码阶段，研究者将专注于一个核心类别，这个核心类别能够连接并解释其他类别之间的关系。这个过程通常包括对数据的重新审视、调整已有的类别，以及发现新的关联，从而形成一个完整且内聚的理论。现在，我们需要人来选择一个主要类别，将其作为我们论文的故事主线。我们选择的是"在线游戏对盲人社交互动和心理健康的影响"，要求 ChatGPT 基于这个主题进行选择式编码，如下。

| 文字提示 | 现在的编码主题是在线游戏对盲人社交互动和心理健康的影响，你需要对盲人 A、盲人 B、盲人 C 的访谈记录进行选择性编码并生成表格。 | 🖉 |

| prompt | The current coding theme is the impact of online gaming on the social interaction and mental health of the blind. You need to perform selective coding on the interview records of blind persons A, B, and C, and generate a table. | 🖉 |

图 5-11 是 ChatGPT 生成的编码对应表，大家可以看到它列出了每个编码对应句子的原始出处和盲人对象。

在这个选择性编码过程中，我们关注在线游戏对盲人社交互动和心理健康的影响。以下是根据盲人A、盲人B、盲人C的访谈记录进行的选择性编码表格：

盲人	编码	文本出处（引用）
盲人A	游戏中的朋友关系	"我在游戏中结交了许多朋友，我们常常一起组队进行探险。"
盲人A	游戏中的争执与报复	"有时候，我们的队伍会遇到一些恶意玩家，他们会攻击我们。"
盲人A	游戏中的自我接纳	"在游戏里，我不必担心别人会因为我的视力问题而歧视我。"
盲人A	游戏对心态的影响	"我发现自己在游戏中能够更放松，不必担心现实生活中的问题。"

盲人	编码	文本出处（引用）
盲人B	游戏中的朋友关系	"游戏让我结识了许多志同道合的朋友，我们一起度过了许多快乐时光。"
盲人B	游戏中的争执与报复	"游戏中有些玩家会针对盲人玩家，使我们的游戏体验受到影响。"
盲人B	游戏作为社交平台	"通过游戏，我能够更容易地与人建立联系，拓展自己的社交圈子。"
盲人B	游戏中的自我接纳	"游戏中，人们不会因为我的视力问题而对我有所偏见。"
盲人	游戏中的自我表达	"我可以通过游戏角色来表达自己，展示自己的特点和才能。"

图 5-11　ChatGPT 展示选择性编码结果（示例）

三、框架分析

框架分析是一种常用于质性研究的分析方法，特别是在社会科学、公共政策和健康研究等领域。它的主要目标是帮助研究者更好地理解和解释有关研究对象的现象、过程和意义。该方法是由英国的社会科学家里奇（Ritchie）和斯潘塞（Spencer）于1994年提出的，它通过对研究数据进行系统化、明确和可操作的整理和分类，使研究者能够提炼出数据中的主题、模式和关系。框架分析和扎根理论刚好相反，是已有理论框架，然后根据确定的框架来进行编码。框架分析法通常包括以下5个步骤：了解数据、确定主题框架、索引数据、图表化数据、解释和提炼。我们采用ChatGPT辅助进行框架分析，是从第三步建立索引数据开始的。

基于盲人访谈案例，通过框架分析来进行分析展示，这里我们需要告诉ChatGPT分析框架是什么。我们需要首先建立一个分析框架，假设分析框架如下。

> **前期准备**
>
> 1. 在线游戏对盲人的心理健康的效应；
> 2. 在线游戏对盲人的社会发展的影响；
> 3. 盲人玩在线游戏的动机；
> 4. 在线游戏动机和游戏效应之间的关系。

同样，对话的开始，我们需要首先设定背景文字提示，输入相关访谈文本之后，再要求ChatGPT来开展分析，下面是相关文字提示。

第一步，还是需要先设置背景文字提示。

文字提示	你是一名社会科学学者，擅长使用访谈和框架分析，擅长对访谈文本进行编码，你明白吗？
prompt	You are a scholar in the social sciences, skilled in using interviews and framework analysis, and adept at coding interview texts. Do you understand?

第二步，我们需要让 ChatGPT 对访谈对象的编码逐一进行编码，生成索引数据。

| 文字提示 | 现在我们要做一个框架分析，框架主题是在线游戏对盲人的心理健康的效应、在线游戏对盲人的社会发展的影响、盲人玩在线游戏的动机、在线游戏动机和游戏效应之间的关系，你需要结合这个分析框架对盲人 A 的访谈记录进行编码，建立索引数据。 |

| prompt | Now we need to conduct a framework analysis. The main themes are the effects of online gaming on the mental health of the blind, the impact of online gaming on the social development of the blind, the motivations of the blind to play online games, and the relationship between gaming motivations and effects. You need to code the interview record of blind person A in line with this analytical framework and establish index data. |

第三步，我们可以让 ChatGPT 对访谈对象的编码进行汇总。

| 文字提示 | 你能把盲人 A、盲人 B、盲人 C 的编码汇总吗？ |

| prompt | Can you aggregate the codes from blind persons A, B, and C? |

第四步，我们可以让 ChatGPT 根据编码的结果对原有主题框架进行修正，我们可以在 ChatGPT 修正结果的基础之上进一步修正，ChatGPT 的回答见图 5-12。

| 文字提示 | 你能根据盲人 A、盲人 B、盲人 C 的编码和分析中的发现，对原有主题框架进行调整，使其更加贴近实际情况吗？ |

| prompt | Based on the coding and findings from the analysis of blind persons A, B, and C, can you adjust the original theme framework to make it more aligned with the actual situation? |

当然可以。根据之前的分析和编码，我们可以对原来的主题框架进行一些微调，使其更加符合我们的研究目标和受访者的实际情况。

1. 在线游戏对盲人的心理健康的效应：我们可以将此主题细分为正面效应（如提供娱乐、减轻压力等）和负面效应（如可能引发的焦虑、依赖等）。
2. 在线游戏对盲人的社会发展的影响：我们可以考虑将此主题细分为对社交技能的影响和对社会融入的影响。
3. 盲人玩在线游戏的动机：我们可以进一步深入研究，分析游戏的吸引力是来自其挑战性、社交性，还是因为游戏提供了一个可以平等竞争的环境。
4. 在线游戏动机和游戏效应之间的关系：我们可以进一步调整为探讨动机如何影响盲人的游戏体验和游戏结果。

这样的调整会使我们的主题框架更加细致和具体，有助于我们更深入地理解盲人玩在线游戏的动机和游戏对他们的影响。

图 5-12　ChatGPT 调整框架（示例）

第五步，我们可以让 ChatGPT 根据编码的结果对原有主题框架进行细化。

文字提示　你能根据盲人 A、盲人 B、盲人 C 的编码和发现，对调整后的主题框架进一步细化吗？

prompt　Can you further refine the adjusted theme framework based on the coding and findings from blind persons A, B, and C?

第六步，我们可以让 ChatGPT 把访谈编码和访谈索引做成矩阵图。矩阵（Matrix）是一种将数据以行和列的形式进行整理和展示的图表。在这个案例中，我们可以创建一个矩阵，将受访者作为行，主题框架中的各个主题作为列。这样，我们可以将每位受访者在各个主题下的相关经历和观点整理到相应的单元格中（见图 5-13）。

文字提示　你能把盲人 A、盲人 B、盲人 C 的编码创建一个矩阵，将受访者作为行，主题框架中的各个主题作为列吗？这样，将每位受访者在各个主题下的相关经历和观点整理到相应的单元格中。

prompt　Can you create a matrix of the codes from blind persons A, B, and C, with the interviewees as rows and the various themes from the framework as columns? This way, you can organize the relevant experiences and perspectives of each interviewee under the respective cells in each theme.

当然，我们可以基于你的要求，根据盲人A、盲人B、盲人C的编码创建一个矩阵。注意，这只是一种示例的表格，并不能提供实际的数据。

受访者	在线游戏对心理健康的效应	在线游戏对社会发展的影响	玩游戏的动机	游戏动机与效应的关系
盲人A	A1.1, A1.2, A1.3	A2.1, A2.2, A2.3	A3.1, A3.2, A3.3	A4.1, A4.2
盲人B	B1.1, B1.2, B1.3	B2.1, B2.2, B2.3	B3.1, B3.2, B3.3	B4.1, B4.2
盲人C	C1.1, C1.2, C1.3	C2.1, C2.2, C2.3	C3.1, C3.2, C3.3	C4.1, C4.2

其中，A1.1, A1.2, A1.3等表示盲人A在"在线游戏对心理健康的效应"这一主题下的具体观点和经历。这样，每位受访者在各个主题下的相关经历和观点被整理到相应的单元格中。这只是一个示例的编码方式，实际的编码应该详细描述每个编码对应的内容。

图 5-13　ChatGPT 的框架分析矩阵图（示例）

这个文字提示的答案不会提供每个编码所代表的内容，需要后续文字提示提问。

文字提示	你能提供每个编码代表的内容吗？

prompt	Can you provide the content represented by each code?

第七步，我们可以让 ChatGPT 把编码按照类属生成树叶图（见图 5-14）。

文字提示	请整合盲人 A、盲人 B、盲人 C 叶的编码索引，建立一个完整的编码索引，并把编码索引生成树叶图，以层次结构的形式进行整理和展示，图形以文本图的方式展示即可。

prompt	Please integrate the code indexes from blind persons A, B, and C to establish a comprehensive code index. Then, generate a tree diagram of the code index, organizing and presenting it in a hierarchical structure. The diagram should be presented in a text-based graphical format.

```mathematica
在线游戏对盲人的影响
|
├── 心理健康的效应
|   ├── 编码1.1: 游戏对心理健康无明显影响（盲人A）
|   ├── 编码1.2: 提升自尊和自信（盲人B）
|   ├── 编码1.3: 提供娱乐和乐趣（盲人B、盲人C）
|   └── 编码1.4: 负面情绪（盲人C）
|
├── 社会发展的影响
|   ├── 编码2.1: 提供社交机会（盲人A、盲人B、盲人C）
|   ├── 编码2.2: 增强的社会参与感（盲人B、盲人C）
|   └── 编码2.3: 扩大社交圈子（盲人A）
|
├── 在线游戏的动机
|   ├── 编码3.1: 社交需求（盲人A、盲人B、盲人C）
|   ├── 编码3.2: 消磨时间（盲人A、盲人C）
|   ├── 编码3.3: 探索新游戏（盲人A）
|   ├── 编码3.4: 寻求挑战（盲人B）
|   └── 编码3.5: 逃避现实（盲人B）
|
└── 动机和效应之间的关系
    ├── 编码4.1: 动机与效应的正向关系（盲人A、盲人B、盲人C）
    └── 编码4.2: 动机与效应的负向关系（盲人C）
```

图 5-14　ChatGPT 生成编码类属树叶图（示例）

通过上面扎根理论和框架分析的案例展示，我们发现 GPT-4 在两种方法中都有非常不错的表现。扎根理论属于归纳法，而框架分析属于演绎法，只有 GPT-4 的推理能力能在这两个方面做到令人满意的程度。大家也可以采用同样的文字提示在 GPT-3.5 上运行，但我们会发现 GPT-3.5 的表现错误百出。下面我们再展示一下如何使用 ChatGPT 来进行内容分析和文本分析。

四、内容分析

内容分析是一种对文本或其他符号性材料进行系统性、客观和量化描述的研究方法。其主要目标是识别并量化文本中特定主题、概念或模式的出现频率。内容分析可以是描述性的（描述文本中的现象）或解释性的（解释文本背后的含义和目的）。内容分析所编码的是文本中的主要特征。内容分析的主要步骤包括数据收集、数据预处理、定义编码方案、文本编码、数据分析、结果呈现和结果解释 7 个步骤。下面，我们一起来看看 ChatGPT 是如何与内容分析相结合的。

虽然 ChatGPT 更新的插件功能已经能够让 ChatGPT 拥有了上网功能，但当我们使用 ChatGPT 搜索很多网站的相关文章时，它是无法帮助我们搜集材料的。一部分原因是很多网站有付费权限或网络获取数据的限制，另一部分原因是 ChatGPT 的搜索功能还不够强大。因此，我们建议内容分析的材料还是由自己搜集。因此，在内容分析的前两个部分，也就是数据收集、数据预处理这两个部分，我们都需要采用人工的方式来处理。

我们这里研究的主题可以设定为金融时报对中国新能源车的报道变化。我们的研究问题是金融时报对中国的新能源汽车的态度是如何随着时代变化的。

我们可以把我们的问题告诉 ChatGPT，让它协助我们制定一个编码方案，文字提示如下。图 5-15 是 ChatGPT 给出的方案。

文字提示	我现在要做一个内容分析，研究问题是金融时报对中国新能源汽车的报道态度是否随着时代发生了变化，请协助我设计一个详细的编码方案。
prompt	I am now conducting a content analysis to examine whether the Financial Times' attitude towards Chinese electric vehicles has changed over time. Please assist me in designing a detailed coding scheme.

好的，我理解你需要一个详细的编码方案来进行内容分析。根据你的研究问题，我们可以从以下几个步骤来设计编码方案：

步骤1：确定研究的时间跨度和样本

我们首先需要确定要研究的时间跨度。你可以选择一个特定的起始年份，例如新能源汽车刚开始受到关注的时候，直到现在。然后，我们需要选择在这个时间段内的某金融网站的样本文章。你可以选择每年的几篇代表性文章，或者所有与新能源汽车相关的文章。

步骤2：定义主题分类

我们需要定义一些主题分类，以帮助我们理解文章的主要焦点。例如，主题可以包括"政策"（报道关于新能源汽车的政策）、"技术"（报道关于新能源汽车的技术进步）、"市场"（报道关于新能源汽车的市场表现）和"环境影响"（报道关于新能源汽车对环境的影响）。

步骤3：定义态度指标

我们需要定义一些指标来评估报道的态度。这可能包括：

图 5-15　ChatGPT 设计内容分析编码方案（示例）

大家可以看到，ChatGPT 给出的方案非常详细，如果我们以这一份编码方案为框架，整理出了一份具体的编码方案，那么 ChatGPT 能否根据这份具体的方案对选中的新闻报道进行深度编码呢？

首先，我们需要人工整理编码方案。整理好的编码方案如下。

前期准备

1. 发表时间：提取每篇文章发表年份。

2. 报道的主题分类：关于新能源汽车的政策、技术、市场或环境。

3. 观点的正负性：我们需要确定报道的观点是正面的、负面的，还是中立的。这可以通过报道中的语言来判断，如使用的形容词和副词。请采用 5 分评分制，其中 1 代表最负面，5 代表最正面。

4. 报道的深度：我们还可以评估报道的深度，如报道是仅提及新能源汽车，还是深入地讨论了新能源汽车的各个方面。请采用 5 分评分制，其中 1 代表最浅薄，5 代表最深入。

制定好编码方案之后，我们首先需要到该网站以"中国新能源"为关键词搜索相关文章。我们共搜索到了 4 篇文章，分别是《中国新能源汽车之惑》《中国新能源政策冲击全球》《中国为何支持新能源汽车》《中国新能源股被看好》这 4 篇文章。我们现在首先需要把这 4 篇文章提交给 ChatGPT。文字提示如下。由于是中文文章，我们就不在此提供英文文字提示了。

> **文字提示**
>
> 下面是第一篇文章，你收到了吗？
>
> 《中国新能源股被看好》……"

通过上述文字提示把 4 篇文章依次输入 ChatGPT 之后，我们可以通过如下文字提示，让 ChatGPT 根据我们指定的编码方案进行编码。ChatGPT 生成的表格见图 5-16。

> **文字提示**
>
> 请按照下面编码方案对以上 4 篇报道进行编码，并生成表格。
>
> 1. 发表时间：提取每篇文章发表年份。
>
> 2. 报道的主题分类：关于新能源汽车的政策、技术、市场或环境。
>
> 3. 观点的正负性：我们需要确定报道的观点是正面的、负面的，还是中立的。这可以通过报道中的语言来判断，如使用的形容词和副词。请采用 5 分评分制，其中 1 代表最负面，5 代表最正面。
>
> 4. 报道的深度：我们还可以评估报道的深度，如报道是仅提及新能源汽车，还是深入地讨论了新能源汽车的各个方面。请采用 5 分评分制，其中 1 代表最浅薄，5 代表最深入。

好的，我将按照您的要求对这 4 篇文章进行编码并生成一个表格。这是我的理解：

文章编号	发表时间	报道的主题分类	观点的正负性	报道的深度
1	2022	市场	4	3
2	2023	技术	5	4
3	2014	政策	3	4
4	2021	市场	4	4

图 5-16 ChatGPT 内容分析生成表格（示例）

大家可以看到 ChatGPT 做出的表格非常清晰，它还给出了每篇文章的总结，这里的截图限于篇幅，没有展示所有答案。这个时候，如果我们觉得编码的类型有点少，那么，我们也可以通过 ChatGPT 来进一步扩展编码类型，以下是文字提示。

> **文字提示** 作为一个有着十几年内容分析经验的专家，基于我们的研究问题和现有的 4 篇新闻报道，你觉得还有哪些方面可以进行编码？

> **prompt** As an expert with over a decade of experience in content analysis, based on our research question and the existing four news articles, what other aspects do you think can be coded?

虽然 ChatGPT 制作编码表的功能相当令人惊艳，但是，我们如果在研究中采用 ChatGPT 进行编码的话，应当对编码表进行人工检查，以防出现错误。ChatGPT 在内容分析领域的一大突破是能进行情感分析，而且 ChatGPT 做的情感分析比 NVIVO 等传统软件要更加精准。

情感分析在内容分析中经常被使用，特别是在社交媒体、在线评论、市场研究、品牌管理等领域。情感分析可以帮助研究人员或公司了解公众对特定产品、服务、事件或主题的情感态度是积极的、消极的，还是中性的。一个公司可能会使用情感分析来处理消费者对其新产品的在线反馈，以便更好地了解消费者的需求和感受，从而改进产品或服务。政治传播中可能会使用情感分析来分析公众对某个候选人或政策的态度。新闻机构也可能使用情感分析来追踪和报告社会热点问题相关的公众情绪。

我们这里面采用几条微博来展示一下。图 5-17 为 ChatGPT 生成的表格。

> **文字提示** 你能对下面的微博做情感分析吗，请采用 5 分评分制并生成表格，其中 1 代表非常负面，5 代表非常正面，3 代表中性。
> "啊 我死啦 谁懂毕业论文死活写不出来 好不容易交个初稿 现在二稿三稿改不出来 真的很痛苦啊啊啊啊啊！"
> "在线接格式修改和公式录入，支援深夜心碎大学生哈哈"

prompt Can you perform sentiment analysis on the following Weibo posts? Please use a five-point scale and generate a table, where 1 represents extremely negative, 5 represents extremely positive, and 3 represents neutral.

" "
…

基于5分评分制进行情感分析，以下是评分表：

微博内容	情感分析得分
啊 我死啦 谁懂毕业论文死活写不出来 好不容易交个初稿 现在二稿三稿改不出来 真的很痛苦啊啊啊啊啊啊！	1
在线接格式修改和公式录入，支援深夜心碎大学生哈哈哈	4

图 5-17 ChatGPT 情感分析生成表格（示例）

内容分析中经常使用的功能还有词频分析、关键词网络分析、词性分析等。但是 ChatGPT 的现有版本对这些分析是不支持的。如果大家还想用 AI 来完成这些分析的话，我们推荐 CLAUDE 这款免费 AI，它的现有版本完全支持词频分析、语义网络分析等功能。我们想让 CLAUDE 对 4 篇新闻报道中的 1 篇进行语义网络分析，比如《中国新能源股被看好》这篇文章，文字提示如下。图 5-18 为 CLAUDE 的分析结果。

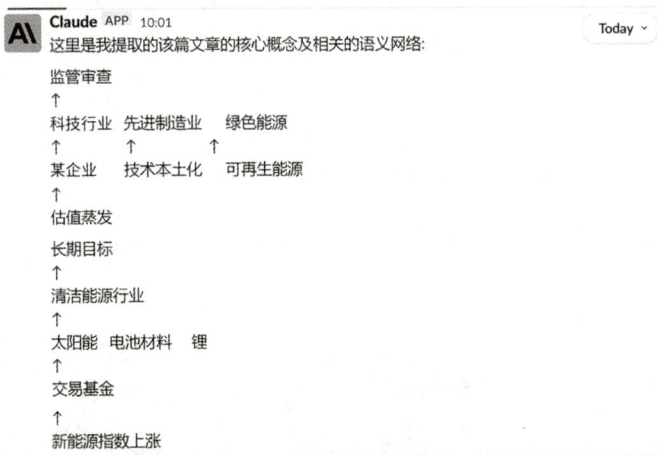

A\ Claude APP 10:01   Today ∨
这里是我提取的该篇文章的核心概念及相关的语义网络：

监管审查
↑
科技行业 先进制造业   绿色能源
↑   ↑
某企业   技术本土化   可再生能源
↑
估值蒸发

长期目标
↑
清洁能源行业
↑
太阳能 电池材料   锂
↑
交易基金
↑
新能源指数上涨

图 5-18 CLAUDE 生成语义网络（示例）

文字提示	你能提取下面这篇文章的核心概念并生成语义网络吗？
	"中国新能源股被看好……"

prompt	Can you extract the core concepts from the following article and generate a semantic network?
	" … "

以下是使用 CLAUDE 进行词频分析的文字提示。图 5-19 为分析结果。

文字提示	你可以对这篇新闻报道做一个词频分析吗？

prompt	Can you perform a word frequency analysis on this news article?

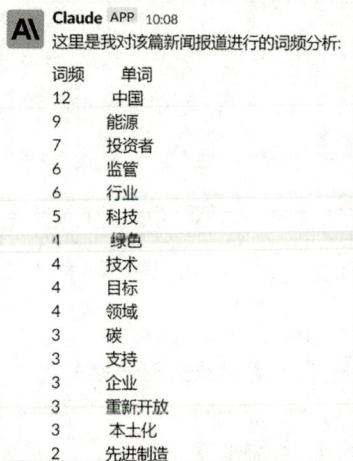

图 5-19　CLAUDE 进行词频分析（示例）

其他的内容分析文字提示还包括以下内容。图 5-20 为 CLAUDE 进行关键词网络分析的结果。

文字提示	你可以对下面的新闻报道做一个关键词网络分析吗？

prompt	Can you perform a keyword network analysis on the following news report?

```
            太阳能
             |
           电池材料
             |
             锂

    长期目标
   / | \
  / | \
碳达峰 碳中和 清洁能源行业
  |         |
中国      全球重新开放
  |         |
  投资者   能源   服务业
  |         |
  企业     耐用消费品
```

从该关键词网络分析图可以看出:

1. 监管审查、科技行业、中证新能源指数和政府支持处于网络的中心,是连接其他概念的关键词。

2. 监管审查影响科技行业和中证新能源指数。政府支持推动先进制造业、技术本土化和绿色能源。

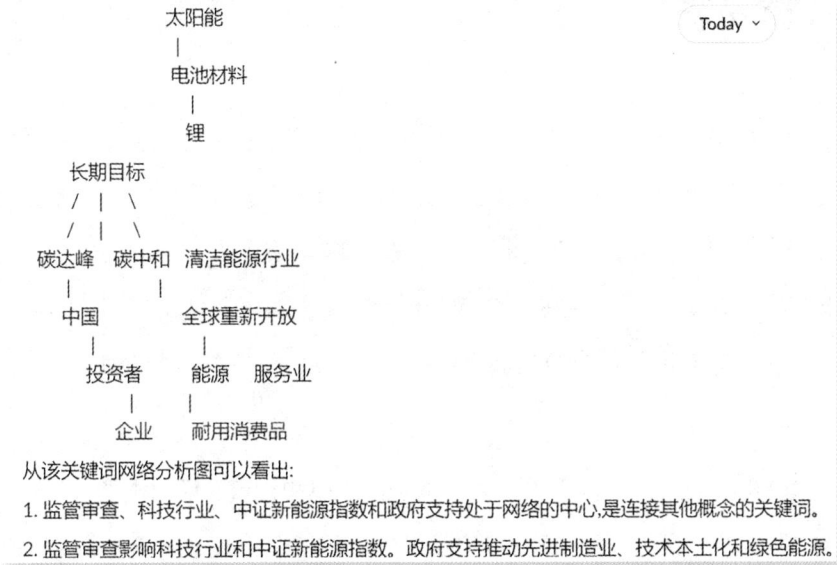

图 5-20 CLAUDE 进行关键词网络分析(示例)

大家可以看到这个结果已经超越了大部分的传统质性分析软件了。传统质性分析软件对语言的理解程度和新一代 AI 之间差了一个层级。当然,有一部分量化和复杂分析的工作,我们还是需要用传统软件完成的。这部分的工作我们最好在 ATLAS.ti 或者 NVIVO 这样的传统质性分析软件中完成。值得一提的是,ATLAS 这款质性分析软件正在把 ChatGPT 的技术快速融入他们的产品,让传统的质性分析软件获得自动编码的能力,大家感兴趣的话可以去尝试一下。

文本分析和内容分析有着较大范围的重合,鉴于我们已经在内容分析这一部分把文本分析的绝大部分内容进行了展示,后面我们就不再重复了。但是这里还有一个可能因 AI 兴起而产生的方法学亮点,我们希望大家能够关注,那就是针对图片的文本分析。过去我们要做针对图片的分析,是需要用人工方式一幅图一幅图来检查的,这极大地限制了处理信息的能力,但是现在 AI 可以自动提取图片的内容并进行分析。虽然这项能力还不完善,但是将来随着这项技术的快速成熟,基于图片的内容分析肯定也会成为常见的质性研究方法之一。

五、话语分析

　　话语分析是一个广泛的研究领域，它关注的是人们在实际社会交际场景中使用的语言单位。话语分析旨在揭示语言、社会和文化之间的互动关系，以及话语在构建意义、传递信息、维护社会关系和表达权力等方面的作用。话语分析包括对话分析、批判性话语分析、语篇分析、叙事分析等多种方法。ChatGPT 可以对新闻报道、对话、演讲等文本进行话语分析。下面我们逐一展示如何采用 ChatGPT 进行辅助分析。

　　语篇分析一般会从修辞手段、话语主题、语境和背景、话语类型、关键词、听众设定、导向、对话性、符号隐喻等方面对一篇文章进行分析。在实际案例中，可以根据主题选取其中一些方面进行分析，不必照顾到方方面面。图 5-21 为 ChatGPT 的话语分析结果。

1. 修辞手段：新闻报道可能采用讲述个人故事的叙事方式，通过描绘返乡创业者的生活和工作场景，让读者感受到创业者的勇气和决心。此外，新闻中可能还会使用对比和排比等修辞手段来强调年轻人返乡创业的积极影响。
2. 话语主题：新闻的主题关注年轻人返乡创业的现象，以及他们如何利用自身优势和创新思维为乡村振兴作出贡献。
3. 语境和背景：新闻报道的背景是当前中国乡村振兴的大环境，以及一些年轻人面临的就业压力。在这个背景下，返乡创业成为一种解决就业问题的选择。
4. 话语类型：新闻报道属于信息传播类话语类型，旨在向公众传递关于返乡创业年轻人的信息和故事。
5. 关键词：关键词可能包括"返乡创业""年轻人""乡村振兴""创新""创业经历"等。
6. 听众设定：新闻报道的目标听众可能是广泛的公众，尤其是关注就业问题、乡村振兴和创业创新的年轻人和政策制定者。
7. 导向：新闻报道可能强调创业创新的价值观念，以及对乡村振兴的积极态度和信心。
8. 对话性：新闻报道可能通过讲述个人故事和观点，展示不同人物之间的对话和互动，以表现返乡创业者和乡村社区之间的联系。
9. 符号隐喻：新闻报道中可能使用一些象征性的元素（如创业者的产品、创新项目等）来隐喻乡村振兴和年轻人创业的精神。

图 5-21　ChatGPT 话语分析（示例）

文字提示	请从修辞手段、话语主题、语境和背景、话语类型、关键词、听众设定、导向、对话性、符号隐喻等多个方面对《返乡创业的年轻人》这篇新闻报道进行篇章分析。
prompt	Please analyze the news report on "young people returning to their hometowns for entrepreneurship" from various aspects such as rhetorical devices, discourse themes, context and background, discourse types, keywords, audience settings, ideological awareness, conversational style, and symbolic metaphors.

　　叙事分析在社科类研究中也比较常见。它主要研究具有叙事性质的话语，关注叙事的结构、内容和功能，以及个体如何通过叙事来构建意义、传达经历和塑造身份。叙事分析的对象包括小说和短篇故事、电影和电视剧、传记和自传、历史事件和纪实文学等。叙事分析可以从情节、角色、主题、叙述者和叙述视角、时间结构、空间设置、符号和象征、对话和语言风格等方面进行分析。一般情况下需要提前设定一个主题。

文字提示	请从情节、角色、主题、叙述者和叙述视角、时间结构、空间设置、符号和象征、对话和语言风格等多个方面对《返乡创业的年轻人》这篇新闻报道进行叙事分析。
prompt	Please analyze the news report on "young people returning to their hometowns for entrepreneurship" from various aspects such as plot, characters, themes, narrator and narrative perspective, time structure, spatial settings, symbols and symbolism, dialogue, and language style for narrative analysis.

　　批判性话语分析（Critical Discourse Analysis，CDA）是一种揭示话语中权力关系和社会实践之间相互影响的分析方法。CDA 通常从以下几个方面入手：话语结构、话语内容、话语功能、话语生产与接受、社会实践等方面。我们可以采用下面的文字提示来对某篇报道进行批判性话语分析。

文字提示 你能从及物性、转换、情态等方面来对这篇文章进行批判性话语分析吗? 其中及物性包含 3 个方面, 分别是物质过程分析、关系过程分析、存在过程分析; 转换包括 2 个方面: 被动化、名物化; 情态包括情态动词、时态和直接引语。请你在批判性话语分析的框架下讨论作者运用了何种语言现象, 以及如何通过语言传达自己的态度及观点, 每个方面都要找出 2~3 个具体出处举例。

prompt Could you analyze this article from the perspectives of transitivity, transformation, and modality, using critical discourse analysis? Transitivity includes three aspects: material process analysis, relational process analysis, and existential process analysis. Transformation includes two aspects: passivization and nominalization. Modality includes modal verbs, tense, and direct speech. Could you discuss, within the framework of critical discourse analysis, what linguistic phenomena the author employs and how they convey their attitude and viewpoint through language? Please provide 2-3 specific examples for each aspect.

六、总结

　　大语言模型最擅长的就是对语言文本的分析, 它的这个特长和质性研究的要求完美匹配。因此, 质性研究中越是偏向语言分析的方法, 越是偏重于人工来完成的部分, 现在受到 AIGC 这样的大语言模型的影响就越大。在过去的 20 年中, 量化研究方法占据了 SSCI 发表文章数量的 90%, 主要原因在于量化研究更加规范、自动化程度更高, 也就是依赖软件的程度更高、更容易上手。但是未来随着 AIGC 软件的大规模普及, 对文本和语言的分析难度会大幅下降, 分析的规范性会更加统一, 写作效率也会大幅提升, 因此我们预测未来质性分析发表文章的比例会有所上升, 比例达到所有发表文献的三成。

　　由于笔者知识的局限性，不可能对每种方法都非常了解，因此，欢迎大家在各自的领域多尝试，找出更好的文字提示，做出更好的研究。

NOTES

本章小结

1. 只有 GPT-4 才能完成本章任务，其他 AI 工具无法完成本章任务。

2. ChatGPT 可以实现扎根理论编码的半自动化。

    A. 编码文本过长时，ChatGPT 由于记忆能力有限，可能无法一次性处理所有文本；

    B. 可以通过 ChatGPT 分批进行编码，之后再将编码合并；

    C. 采用 ChatGPT 进行开放式编码时，可以多生成几次再合并结果，这样可以达到饱和编码。

3. ChatGPT 可以进行模拟访谈。

    A. 访谈人物对象的特征需要尽量细化；

    B. 可以根据访谈结果编制初级访谈提纲。

4. ChatGPT 可以实现框架分析编码的自动化。

    A. ChatGPT 在进行框架分析时的效率和准确性都比扎根理论要高；

    B. ChatGPT 可以做矩阵表或树叶图。

5. ChatGPT 可以进行内容分析。

    A. 需要作者设计好内容分析的主线；

    B. ChatGPT 可以用来做情感分析的分数标注；

    C. GPT-4无法进行语义网络分析和词频分析，但可以将CLAUDE作为替代。

6

Chapter Six

第六章

量化研究设计

ChatGPT 的出现为数据分析行业带来了更多的可能性和机遇，使数据分析工作更加高效和智能化，但同时也需要关注其对人类工作的影响和替代人类工作的可能性。

—— 数据科学在线学习平台 DataCamp

　　量化研究方法是社会科学研究方法中的重头戏。量化研究方法分为两个分支，一个分支是对基于问卷的数据进行分析，另一个分支是对基于实验的数据进行分析。实验是科学研究中的首选设计，主要原因是它可以进行因果推断。因此，设计精巧的实验发表难度较小，它的难点主要集中在如何设计上。

　　虽然基于问卷的数据在设计上存在一定劣势，但是，市场上发表的文献中，问卷法还是占了大多数。究其原因，主要是问卷采集数据的速度较快、成本较低。问卷法产生的数据较多，因此，基于问卷数据而衍生出的方法之多，让人目不暇接。要处理各种各样的问卷数据，就需要不同的统计软件，最常用的有 SPSS、R、Mplus、Python、STATA 等。

　　ChatGPT 这样的 AIGC 技术给量化分析带来的变化主要分为两个方面，一方面是设计和策略上的辅助，另一方面是具体软件代码的生成。具体来说，我们可以让ChatGPT 来辅助我们设计一个实验、一个干预或一套问卷。我们也可以让它帮助我们生成软件分析的具体代码。下面我们主要介绍 ChatGPT 如何辅助开展主要的量化研究。首先，我们来看一看实验设计。

一、实验设计

　　实验设计从最简单的对照组实验设计、单因素实验设计，到双因素实验设计，再到比较复杂的重复测量设计和混合设计。每种实验设计又会衍生出很多研究类型，比如，对照组实验设计可以衍生出随机对照实验、双盲实验设计、配对设计、前后测设计、交叉设计等。大家如果对各种实验类型感兴趣，推荐阅读北京师范大学舒华老师的《心理与教育研究中的多因素实验设计》。但是，我觉得大部分同学可能无法完整掌握这么多实验设计。那么如何在没有掌握所有实验类型的基础之上，选择一个合适的实验设计并完成具体的细节设计呢？在过去，这个问题是无解的。但是，现在我们可以利用 ChatGPT 来选择合适的实验框架，设计具体的实验细节。我们后面会采用具体案例来帮助大家理解。

一般情况下，如果我们想要设计一个实验，一般会参照之前的相似实验，在这个实验的基础之上，结合新的问题进行修改、调整，得到一个符合我们要求的实验设计。当然，如果你熟读实验文献，可以直接略过这一步，根据自己的问题直接设计。但我觉得大部分同学可能还是需要阅读文献的。我们希望通过一篇 2018 年发表的关于聊天机器人实验的文章，展示如何使用 ChatGPT 设计具体实验。

这篇文章的核心问题是探讨聊天机器人在提供情感支持方面的有效性和用户对其交互体验的感知（Liu & Sunda，2018）。我们首先可以通过 CHATPDF 提取该研究中的核心信息，如具体实验设计、样本数量等。通过 CHATPDF 的辅助，我们可以快速获取一项实验研究的主要信息。下面这些文字提示可供大家参考。

| 文字提示 | 请详细讲解一下文章里面的实验设计。 |

| prompt | Please provide a detailed explanation of the experimental design in the article. |

| 文字提示 | 实验 1 包含了多少参与者，这些参与者是如何招募的？ |

| prompt | How many participants were involved in Experiment 1, and how were these participants recruited? |

| 文字提示 | 请详细描述实验的具体流程。 |

| prompt | Please provide a detailed description of the specific procedures of the experiment. |

| 文字提示 | 这个实验都检验了哪些研究假设？ |

| prompt | What research hypotheses were tested in this experiment? |

文字提示	请详细描述第 1 个实验有几个实验组和控制组，每一组都接受了什么实验处理？
prompt	Please provide a detailed description of the number of experimental and control groups in Experiment 1, and explain the specific experimental treatments each group received.

文字提示	这个实验的分析是如何开展的？请详细解释每一步。
prompt	How was the analysis conducted for this experiment? Please provide a detailed explanation of each step.

文字提示	这些假设中哪些在结果中得到了检验，哪些没有？
prompt	Which of these hypotheses were tested and supported by the results, and which ones were not?

文字提示	实验一和实验二的关系是什么？
prompt	What is the relationship between Experiment 1 and Experiment 2?

文字提示	实验 1 采用了哪些因变量？这些因变量是如何测量的？
prompt	What dependent variables were used in Experiment 1? How were these dependent variables measured?

文字提示	请总结实验 1 的主要结论。
prompt	Please summarize the main findings of Experiment 1.

这些文字提示可以让我们快速了解一个实验的大概情况。当然，大家可以根据实际情况对这些文字提示进行修改。比如，由于很多实验研究都是系列性的，包含了很多实验，我们可以把文字提示改为"第 1 个实验的分析是如何开展的"。另外，我们建议仔细阅读全文，因为根据我们的观察，CHATPDF 提取的实验框架可能不够

精准，会出现错误，因此它的结果可以作为快速阅读的引子，但是要彻底搞懂一个实验，还是需要精读文献。

通过上面的文字提示，我们可以迅速知晓这篇文章包括两个研究。在第一项研究中，参与者（共 158 人）阅读了一个聊天机器人和一个人类用户之间的对话。在第二项研究中，参与者（共 88 人）与一个真正的聊天机器人进行了互动。在这两项研究中，研究人员测试了 3 种不同类型的移情表达方式——同情、认知移情和情感移情——对个体如何看待服务和聊天机器人产生的影响。结果表明，相比于提供无情感支持，同情和移情表达更受欢迎，这支持了计算机是社交行为者范式。

下面我们以这个实验为基础，在共情之上再加入一个因素——人性化，计划设计一个双因素实验。实验机器人采用 ChatGPT，通过 ChatGPT 来控制机器对话的共情和人性化水平。

我们可以先在 CHATPDF 完成一个简单的实验框架，然后用 ChatGPT 来对实验细节进行填充。CHATPDF 的文字提示如下。

| 文字提示 | 如果在这个实验的基础之上进行改造，把单因素实验设计改成双因素实验设计，两个因素分别是共情和人性化，共情和人性化的水平各分为高低两个水平，研究目的是检验共情和人性化如何影响用户对人机交互的体验，我想基于 ChatGPT 设计两个逐步验证的实验，请你帮我详细设计一下。 |

| prompt | If I want to modify this experiment from a single-factor design to a two-factor design, with the two factors being empathy and humanization, each with high and low levels, and the research objective is to examine how empathy and humanization impact users' experience of human-computer interaction, I would like to design two sequential experiments based on ChatGPT. Can you please assist me in designing the experiments in detail? |

当然，我们也可以在 ChatGPT 里面直接提问，以下是 ChatGPT 的文字提示。图 6-1 为 ChatGPT 提供的实验设计的部分内容。

文字提示	我想设计一个双因素实验，实验目的是探究共情和人性化对人机交互体验的影响，两个实验因素分别是共情和人性化，两个因素都分为高、低两个水平，我想在实验中采用 ChatGPT 为对话机器人，请你帮我详细设计一个系列实验来逐步回答我的研究问题。

prompt	I would like to design a two-factor experiment to investigate the effects of empathy and humanization on human-computer interaction experience. The two experimental factors are empathy and humanization, each with high and low levels. I would like to incorporate ChatGPT as the conversational AI in the experiment. Could you please assist me in designing a series of experiments to progressively address my research question?

你的双因素实验设计的目的是研究共情和人性化对人机交互体验的影响。下面是一个详细的实验设计：

步骤一：定义共情和人性化

首先，你要定义共情和人性化的表现形式。共情可以表现为机器人在回复中体现出对用户情绪的理解和关心，而人性化可以体现为机器人使用自然、有趣、幽默的语言。

步骤二：创建聊天机器人版本

创建四个版本的聊天机器人，每个版本对应一个实验组：低共情低人性化，低共情高人性化，高共情低人性化，高共情高人性化。由于目前 ChatGPT 无法直接调整共情和人性化的级别，你可能需要创建 4 组不同的训练数据集，然后使用这些数据集对 ChatGPT 进行微调，以产生 4 个不同的模型。

步骤三：招募实验参与者

你需要招募一组参与者。参与者可以通过在线或者实体方式进行招募，他们应该具有多元的背景，以保证实验的结果具有普遍性。

步骤四：实施实验

参与者被随机分配到 4 个实验组之一，并与他们所在组的聊天机器人进行交互。交互可能包括提出问题、分享故事，或者进行一段自由对话。

步骤五：收集反馈

图 6-1　ChatGPT 实验设计（示例）

当然，我们还可以对实验的某些细节进一步提问。比如，实验完成后，我们需要测量因变量，我们可以让 ChatGPT 来帮我们设计测量问题和测量方法。

二、准实验与干预研究

准实验设计是一种实验设计，其中研究者对实验的某些但非所有方面进行控制。这通常是因为研究者无法随机分配实验对象到不同的实验条件中，或者无法控制所有可能影响结果的变量。在准实验设计中，研究者通常选择一个自然的或现有的条件，然后对其进行干预或处理，以观察结果的变化。无法随机分配参与者到实验组和控制组就意味着无法控制混杂变量。例如，如果研究者想要研究一个新的教学方法对学生学习成绩的影响，但无法随机分配学生到使用新教学方法的组和不使用新教学方法的组，那么这就可能是一个准实验研究。

在准实验研究中，混杂变量（即与研究中的自变量和因变量都相关的变量）可能会对研究结果产生影响，导致研究者难以确定自变量对因变量的真正影响。这种情况很有可能发生，主要原因在于会产生选择效应。例如，我们试图通过观察数据来估计教育对收入的影响，但是更高的教育程度可能与许多其他也能影响收入的特征有关（如智力、社会阶层、地域等）。如果我们没有在分析中控制这些变量，就可能引入选择效应，从而导致我们关于教育对收入影响的估计出现偏误。尽管在准实验设计中，研究者可能无法完全通过随机分配实验单位来控制所有的混杂变量，但是有一些策略可以帮助减少混杂变量的影响。

（1）配对设计（Matching） 在这种设计中，研究者会尽量将实验组的每个参与者与一个或多个具有相似特征的控制组参与者进行匹配。这些特征可能包括年龄、性别、健康状况等与混杂变量相关的变量。配对设计可以帮助控制混杂变量的影响，但是需要有足够数量的匹配参与者，且匹配过程可能相当复杂。

（2）协变量分析（Analysis of Covariance, ANCOVA） ANCOVA 是一种统计方法，可以在分析实验结果时控制一个或多个量化的混杂变量。通过将混杂变量作为协变量纳入模型，ANCOVA 可以减少混杂变量对结果的影响。

（3）倾向评分匹配（Propensity Score Matching） 倾向评分是指参与者接受特定处理的概率，它是观察研究中用于估计因果效应的一种方法。通过比较具有相似倾向评分的实验组和控制组参与者，研究者可以尽量减少混杂变量的影响。

（4）中断时间序列设计（Interrupted Time Series Design） 在这种设计中，研究者在干预之前和之后的多个时间点收集数据。通过比较干预之前和之后的趋势，研究者可以尽量减少混杂变量的影响。

这些策略可以让研究者通过统计的方法控制选择效应，但同时也让研究设计和分析的部分变得更加复杂。ChatGPT 的辅助可以让设计这些实验的难度变得更小。我们下面采用一个具体的案例来展示如何使用 ChatGPT 设计一个准实验研究。假如我们的研究假设是"采用 ChatGPT 学习英语的效率会更高"，我们需要来设计一个干预研究来验证这个假设。一般情况下，我们需要设计好实验的基本框架，比如我们需要一个干预组和一个控制组，然后采用倾向评分匹配的方式来控制混杂变量。这个时候，我们就可以利用 ChatGPT 来辅助我们确定这个准实验的细节部分。文字提示如下。

设计准实验与干预研究的具体框架。

文字提示	我的研究假设是大学生采用 ChatGPT 来学习英语的效率会更高。我需要设计一个干预研究来验证这个假设。干预设计中包含一个大一学生干预组和一个大一学生控制组，然后采用倾向评分匹配的方式来控制混杂变量，请你帮我设计该干预研究的具体细节。
prompt	My research hypothesis is that college students using ChatGPT for learning English will achieve higher efficiency. I need to design an intervention study to test this hypothesis. The intervention design includes an intervention group of freshmen students and a control group of freshmen students. Propensity score matching will be used to control for confounding variables. Can you help me design the specific details of this intervention study?

设计准实验与干预研究进行倾向评分匹配所需要的背景变量。

文字提示 在实施干预之前，你需要收集所有参与者的背景信息来计算每个参与者的倾向评分，请问在这个研究中需要搜集参与者的哪些背景信息？要尽可能全面。

prompt Before implementing the intervention, you need to collect background information from all participants to calculate the propensity scores for each participant. In this study, what background information should be collected from the participants? Please provide as comprehensive a list as possible.

ChatGPT 给出的答案参考图 6-2。

在这个研究中，你可能需要收集以下的背景信息来计算每个参与者的倾向评分：

1. **基本信息**：包括年龄、性别、国籍、母语等。
2. **教育背景**：包括学历、专业、所在学校等。
3. **英语学习背景**：包括英语学习的年限、以前使用过的学习方法、是否有过海外学习或生活经历、是否参加过英语考试（如托福、雅思）以及成绩等。
4. **学习动机**：为什么想要学习英语，学习的目标是什么（例如，为了提高工作机会，为了旅行，为了学术研究等）。
5. **学习习惯**：包括每天学习英语的时间、喜欢的学习方式（例如，喜欢看书、看电影、做练习等）。
6. **技术熟练度**：对于使用ChatGPT这样的工具进行学习，参与者的技术熟练度可能会影响他们的学习效果。因此，你可能需要了解他们是否熟悉使用电脑和互联网，是否有使用过类似的学习工具等。
7. **个人特质**：包括性格特点（如是否外向、是否有恒心等）、学习风格（如是否喜欢独立学习、是否喜欢合作学习等）。

这些信息可以帮助你更好地理解参与者的背景，从而更准确地计算他们的倾向评分。

图 6-2　ChatGPT 倾向评分研究设计（示例）

设计干预措施的具体细节。

文字提示	我想让你设计一下具体的干预措施，请详细描述。

prompt	I would like you to design specific intervention measures. Please provide a detailed description.

ChatGPT 给出的答案参考图 6-3。

当然，以下是我为你设计的具体干预措施：

干预组（使用ChatGPT学习英语）：

1. **介绍ChatGPT**：向干预组的学生详细介绍ChatGPT的功能和使用方法。包括如何启动对话，如何获取语法和词汇解释，如何进行写作练习等。
2. **定制学习计划**：根据每个学生的英语水平和学习目标，为他们定制个性化的学习计划。例如，初级学生可以从基础的词汇和语法学起，中级学生可以进行更复杂的对话练习，高级学生可以进行写作练习。
3. **定期使用ChatGPT**：要求学生每天花一定的时间使用ChatGPT学习英语。他们可以在任何有空的时候使用ChatGPT，例如在等公交的时候，或者在晚上睡觉前。
4. **反馈和调整**：定期收集学生的反馈，了解他们使用ChatGPT的体验，以及他们的学习进度。根据反馈调整学习计划，例如，如果某个学生觉得对话练习太难，可以先让他做一些词汇和语法的练习。

控制组（使用传统学习方法）：

1. **提供学习材料**：为控制组的学生提供传统的英语学习材料，例如教科书、词汇卡片、语法练习册等。
2. **定制学习计划**：同样根据每个学生的英语水平和学习目标，为他们定制个性化的学习计划。
3. **定期学习**：要求学生每天花一定的时间学习英语。他们可以在课堂上学习，也可以在家里自学。
4. **反馈和调整**：定期收集学生的反馈，了解他们的学习体验，以及他们的学习进度。根据反馈调整学习计划。

图 6-3　ChatGPT 干预措施设计（示例）

通过上面的关键词，我们可以很快设计出这个准实验研究中的细节部分。大家可以发现，无论是匹配分数所需的背景变量，还是干预措施的细节部分，它都回答得比较好。我们可以基于它的回答，进一步生成准实验研究的方案细节。

三、问卷编制

传统问卷主要包括 3 个部分：指导语、人口学变量以及态度和行为的测量。其中问卷编制的难点在于态度和行为的测量。由于态度和行为属于看不见、摸不着的东西，我们通常把它们称为潜变量。通常，如果要测量人口学变量的话，只用一个问题即可，比如询问性别等。但是涉及态度和行为这样的潜变量测量时，如果只测量一次，会产生很大的误差。这个时候需要采用一组相似的问题来进行测量，这就是量表。量表的编制是问卷编制中的难点，它步骤繁杂，包括访谈调研、初步编制、搜集数据、题目和维度的筛选等。我们在量表编制的过程中需要通过因子分析来筛选量表的有效维度和有效问题。当然，大部分情况下，我们可能不需要编制一个量表，因为之前的文献已经有现成的量表可以使用。以下是相关的文字提示。

通过研究目的，提供适当的量表名称。

文字提示	我的研究目的是测量毕业前大学生的焦虑状态，常用的焦虑量表有哪些？
prompt	My research objective is to measure the anxiety levels of college students before graduation. What are some commonly used anxiety scales?

提供具体的量表题目。

文字提示	你能提供社交交互焦虑量表（Social Interaction Anxiety Scale, SIAS）吗？
prompt	Can you provide the Social Interaction Anxiety Scale (SIAS)?

ChatGPT 的答案参考图 6-4。

社交交互焦虑量表（Social Interaction Anxiety Scale, SIAS）通常包含20个项目，每个项目都基于一个5点量表（0＝不符合，4＝非常符合）。以下是该量表的所有项目：

1. 我害怕我会在社交场合中做出愚蠢的事情。
2. 我对我在小组讨论中的表现感到不安。
3. 我害怕其他人会注意到我看起来紧张。
4. 当我与别人交谈时，我会变得非常紧张。
5. 我对与别人发生冲突感到害怕。
6. 我在与人交谈时感到不安。
7. 当有人看着我时，我会感到不自在。
8. 当有人对我产生兴趣时，我会感到不自在。
9. 我害怕我会在社交场合中显得很笨拙。
10. 我害怕我会在社交场合中出错。
11. 当我被人关注时，我会感到紧张。
12. 我担心我的社交技能不足。
13. 我在社交场合中感到紧张和不自在。
14. 我害怕我会在人前出丑。
15. 我在公共场合感到紧张。
16. 我害怕别人注意到我在紧张。
17. 在社交场合中，我经常感到不知所措。
18. 我担心我会在社交场合中说错话。

图 6-4　ChatGPT 查找已有量表题目（示例）

从图 6-4 可以看到，ChatGPT 可以提供成熟的心理行为测量量表的完整版本。那如果我们碰到了一个全新的概念，想要编制一个全新的量表来测量这个概念，可以采用 ChatGPT 来编制吗？假设我们现在想要测量"算法素养"这一概念，这个概念很新，没有现成的量表，我们需要编制一个全新的量表。文字提示如下。

文字提示	你能模拟访谈 20 个访谈对象，包括程序员、大学生、外卖配送员等，并根据访谈结果和算法素养的概念及维度定义来编制一个算法素养的量表吗？要求每个维度不少于 5 道题目。
prompt	Can you simulate interviews with 20 interviewees, including programmers, college students, food delivery drivers, etc.? Based on the interview results and the concept and dimensions of algorithmic literacy, can you create a scale for algorithmic literacy, with no less than 5 questions for each dimension?

ChatGPT 给出的答案参考图 6-5。

了解，根据您的要求，以下是根据算法素养概念和维度定义，模拟访谈结果制定的一个初步的算法素养量表草案。每个维度都包含5个问题，共计35个问题。

1.算法理解：

- 我能理解一段代码或算法的基本工作原理。（1=完全不同意,5=完全同意）
- 当我看到一个新的算法时，我能够理解它是如何解决问题的。（1=完全不同意,5=完全同意）
- 我能理解算法的输入和输出是如何相互关联的。（1=完全不同意,5=完全同意）
- 我理解算法中常见的数据结构（如数组、队列、栈等）。（1=完全不同意,5=完全同意）
- 我能理解算法的时间和空间复杂度。（1=完全不同意,5=完全同意）

2.算法应用：

- 我能使用现有的算法来解决实际问题。（1=完全不同意,5=完全同意）
- 我可以根据具体问题对算法进行修改或调整。（1=完全不同意,5=完全同意）
- 我能够将算法应用到跨领域的问题中。（1=完全不同意,5=完全同意）
- 在日常生活或工作中，我会自然而然地使用算法思考问题。（1=完全不同意,5=完全同意）
- 我可以在不同编程语言中实现同一算法。（1=完全不同意,5=完全同意）

图 6-5　ChatGPT 编制量表（示例）

通过图 6-5，大家可以看到 GPT-4 可以根据具体的概念定义和模拟人物访谈来编制对应的概念测量量表。但需要指出的是，在没有经过任何真实访谈之前，ChatGPT 编制的问卷只能作为参考，作为编制问卷的一个起点。

如果我们进行了一系列有针对性的真实访谈，我们就可以结合访谈要点来编制用于测试数据的问卷。我们采用老年人访谈的案例来给大家讲解。假设我们要编制的量表是老年人在线游戏的动机量表。首先，我们需要通过 ChatGPT 对访谈文本和访谈中涉及动机的部分进行编码，并结合参考文献总结归纳老年人在线游戏的动机分类，具体操作流程请参考第五章中的介绍。一旦我们总结出了动机维度，就可以进一步使用 ChatGPT 来生成具体题目。文字提示如下。

文字提示	你需要根据我提供的动机类型和访谈文本编制一个老年人在线游戏动机的量表。这是老年人在线游戏动机的类型："……"这是经过编码提取出来的相关文本："……"请每个维度编制至少5道题目。
prompt	You need to compile a scale for elderly online gaming motivation based on the types of motivation and interview texts I have provided. Here are the types of motivation for elderly online gaming: "…" This is the relevant text that has been extracted through coding: "…" Please formulate at least five questions for each dimension.

通过整理上面的编制过程，我们发现在结合 ChatGPT 时，量表编制的过程发生了一些改变，具体流程如下：

前期准备

1. 通过真实访谈总结需要测量概念的维度和具体文本。
2. 根据测定的概念维度定义和具体文本，通过 ChatGPT 生成可参考的初步量表。
3. 通过因子分析筛选不合格的维度和问题。

四、代码生成

ChatGPT 在数据分析方面的应用主要在于能够生成分析代码。在社会科学数据分析中，最常用的软件分别是 SPSS、R 和 Mplus。这 3 个软件结合在一起基本能够满足大部分的数据分析需求。虽然 ChatGPT 现在还不能直接操控这些软件，但是它已经可以根据需求生成分析代码了。另外，ChatGPT 对统计分析的贡献还在于能够详细地解释统计结果。科学、正确地解释统计结果是统计分析的重要步骤，但是很多同学由于不熟悉统计、看不懂统计结果，科研效率一直很低。ChatGPT 可以很好地解决这一问题。

1. Mplus 软件代码 [①]（功能指数：★★★★★）

Mplus 是一款在社会科学领域广泛使用的统计分析软件。Mplus 主要用于处理结构方程模型（SEM）的分析，但也支持其他多种统计分析方法，包括回归分析、因子分析、群体模型、生存分析、动态系统模型等。特别是在处理复杂数据结构和复杂统计模型时，Mplus 具有强大的优势。例如，Mplus 可以处理多层数据（如学生在学校中的嵌套数据）、纵向数据、复杂样本数据（如权重、聚类和分层数据）等。

我们通过两个具体案例来进行展示：验证性因子分析和结构方程模型。第一个案例是验证性因子分析在量表编制中的应用。如果我们要对一个含有 35 道题目的量表进行验证性因子分析，那么我们可以让 ChatGPT 来帮助我们生成 Mplus 代码，具体文字提示如下。

> **文字提示**　你是一个数据科学家，需要对一个量表的 35 道题目进行验证性因子分析，这其中 1~7 题隶属于因子 1，8~12 题隶属于因子 2，13~15 题隶属于因子 3，16~23 题隶属于因子 4，24~27 题隶属于因子 5，28~31 题隶属于因子 6，32~35 题隶属于因子 7，请生成对应的 Mplus 代码。

> **prompt**　You are a data scientist and need to conduct confirmatory factor analysis on a scale consisting of 35 items. Specifically, items 1-7 belong to Factor 1, items 8-12 belong to Factor 2, items 13-15 belong to Factor 3, items 16-23 belong to Factor 4, items 24-27 belong to Factor 5, items 28-31 belong to Factor 6, and items 32-35 belong to Factor 7. Please generate the corresponding Mplus code.

ChatGPT 给出的答案参考图 6-6。

---

① 本书中评分满分为 6 颗星。

以下是一个基础的Mplus代码示例，应用于你的验证性因子分析(CFA)模型。为了创建该模型，需要使用VARIABLE命令将量表的题目分配给它们各自的潜在因子。

```mplus
TITLE: Confirmatory Factor Analysis;
DATA: FILE IS data.dat;
VARIABLE:
    NAMES ARE q1-q35;
    USEVARIABLES ARE q1-q35;
    MISSING ARE ALL (-999);

ANALYSIS: TYPE = GENERAL;
MODEL:
    f1 BY q1-q7;
    f2 BY q8-q12;
    f3 BY q13-q15;
    f4 BY q16-q23;
    f5 BY q24-q27;
    f6 BY q28-q31;
    f7 BY q32-q35;

OUTPUT:
    STANDARDIZED;
    MODINDICES(ALL);
```

图 6-6　ChatGPT 生成 Mplus 验证性因子分析代码（示例）

得到代码之后，我们只需要对代码稍加修改，如修改数据文件名和缺失值等，就可以运行了。假如我们的数据名称是 poke.dat，缺失数据都是空白格，这个时候我们可以自己修改代码，也可以让 ChatGPT 帮助修改。以下是文字提示，图 6-7 是 ChatGPT 的回答。

文字提示	数据集的名称是 poke.dat，缺失值是空白格，这个代码有需要更改的地方吗？
prompt	The name of the dataset is poke.dat, with missing values represented by blank spaces. Does this code need any modifications?

我们把 poke.dat 这个数据和 Mplus 代码放到一个文件夹里面，运行这个数据，可以很快得到图 6-8 的结果。

如果你的数据集文件名是 "poke.dat" 并且使用空白格表示缺失值，你需要将 "DATA: FILE IS data.dat;" 更改为 "DATA: FILE IS poke.dat;"。因此，适应你的数据集的 Mplus 代码如下：

```mplus
TITLE: Confirmatory Factor Analysis;
DATA: FILE IS poke.dat;
VARIABLE:
    NAMES ARE q1-q35;
    USEVARIABLES ARE q1-q35;

ANALYSIS: TYPE = GENERAL;
MODEL:
    f1 BY q1-q7;
    f2 BY q8-q12;
    f3 BY q13-q15;
    f4 BY q16-q23;
    f5 BY q24-q27;
    f6 BY q28-q31;
    f7 BY q32-q35;

OUTPUT:
    STANDARDIZED;
    MODINDICES(ALL);
```

图 6-7　ChatGPT 生成 Mplus 验证性因子分析代码（示例）

```
MODEL FIT INFORMATION

Number of Free Parameters                    126

Loglikelihood

            H0 Value                   -11603.222
            H1 Value                   -10997.215

Information Criteria

            Akaike (AIC)                23458.444
            Bayesian (BIC)              23926.789
            Sample-Size Adjusted BIC    23527.181
              (n* = (n + 2) / 24)

Chi-Square Test of Model Fit

            Value                        1212.014
            Degrees of Freedom                539
            P-Value                        0.0000

RMSEA (Root Mean Square Error Of Approximation)

            Estimate                        0.064
            90 Percent C.I.           0.059  0.069
            Probability RMSEA <= .05        0.000

CFI/TLI

            CFI                             0.946
            TLI                             0.940

Chi-Square Test of Model Fit for the Baseline Model

            Value                       12949.046
            Degrees of Freedom                595
            P-Value                        0.0000

SRMR (Standardized Root Mean Square Residual)

            Value                           0.059
```

图 6-8　Mplus 运行验证性因子分析结果（示例）

如果我们觉得这个结果不太好解释的话，可以把这个结果发给 ChatGPT 来解释。文字提示如下。

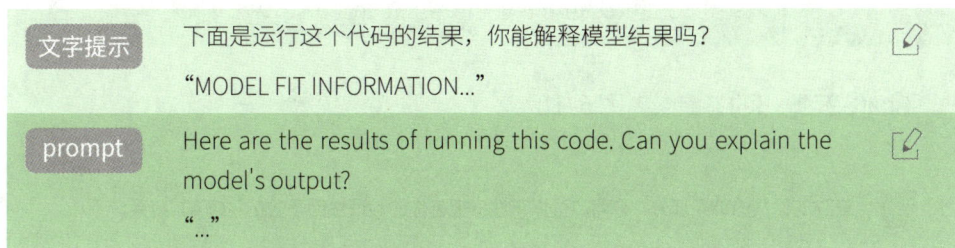

文字提示 下面是运行这个代码的结果，你能解释模型结果吗？
"MODEL FIT INFORMATION..."

prompt Here are the results of running this code. Can you explain the model's output?
" ..."

ChatGPT 给出的答案参考图 6-9。

这是一个模型拟合度报告。这个报告是Mplus输出的，描述了验证性因子分析（CFA）模型的性能。

- **自由参数的数量**：模型中可以估计的参数的数量。在此例中，自由参数的数量为126。
- **对数似然**：对数似然是观察到的数据在假定模型下的概率对数。H0值是指你的模型（即你的CFA模型），H1值是完全饱和模型（即一个每个参数都能被单独估计的模型）。较高的对数似然值表示模型更好地拟合数据。
- **信息准则**：Akaike Information Criterion (AIC) 和 Bayesian Information Criterion (BIC) 是衡量模型拟合优良性的标准，同时也考虑了模型的复杂性（即参数的数量）。较小的AIC或BIC值表示更好的模型。样本量修正的BIC还对样本大小进行了调整。
- **卡方检验**：模型的卡方值越小，或者p值越大，表示模型拟合度越好。在此例中，p值为0，说明数据与模型有显著的偏离。
- **RMSEA**：Root Mean Square Error of Approximation (RMSEA) 是模型误差的估计。较小的RMSEA值（通常小于0.05或0.06）表明更好的模型拟合度。在此例中，RMSEA的估计值为0.064，稍微高于理想范围。
- **CFI/TLI**：Comparative Fit Index (CFI) 和 Tucker-Lewis Index (TLI) 都是衡量模型拟合度的指标，范围在0和1之间。通常，这两个指标大于0.95表示良好的模型拟合度。在此例中，CFI和TLI分别为0.946和0.940，稍微低于理想标准。
- **SRMR**：Standardized Root Mean Square Residual (SRMR) 是模型残差的度量。通常，SRMR小于0.08表示良好的模型拟合度。在此例中，SRMR值为0.059，表示模型的拟合度还可以。

图 6-9　ChatGPT 解释 Mplus 结果（示例）

从上面的解释来看，ChatGPT 对模型的解释是非常不错的。我们也可以让 ChatGPT 根据结果生成结果报告，文字提示如下。

文字提示	请在论文的结果部分报告这部分结果。
prompt	Please report these results in the results section of the paper.

ChatGPT 给出的答案参考图 6-10。

在你的论文的结果部分，你可以像以下这样报告你的验证性因子分析（CFA）结果：

在进行了验证性因子分析后，我们的模型拟合统计量表明模型在数据拟合方面表现尚可，但仍有改进空间。模型的卡方统计量值为1212.014，自由度为539，对应的 p 值小于0.001，提示模型与数据存在显著差异。此外，模型的RMSEA值为0.064（90% 置信区间为 0.059 至 0.069），虽然略高于通常认为的良好拟合阈值（0.05 或 0.06），但仍在可以接受的范围内。然而，模型的Comparative Fit Index (CFI) 为0.946和Tucker-Lewis Index (TLI) 为0.940，均略低于0.95的理想阈值，这表明模型拟合度还需要提升。模型的Standardized Root Mean Square Residual (SRMR) 值为0.059，小于0.08，表明模型的残差相对较小，这是模型拟合度较好的一项指标。

为进一步提高模型的拟合度，我们可能需要对模型进行一些调整，比如重新指定因子加载，或者允许一些误差项之间的相关性。总体而言，我们的模型尚需进一步优化，以更好地拟合数据。

图 6-10　ChatGPT 报告 Mplus 结果（示例）

结构方程模型是如今社会科学文章发表中最常用的研究方法。Mplus 是最常用的结构方程模型软件之一。我们来尝试让 Mplus 生成一个结构方程模型的代码，看看效果如何。我们采用一个比较简单的中介模型来进行试验。模型情况和文字提示如下。

文字提示	你是一个数据科学家，需要做一个结构方程模型的分析，模型包含 3 个潜变量 A、B、C，潜变量 A 是通过 a1，a2，a3 3 个显变量来测量的，潜变量 B 是通过 b1，b2，b3 3 个显变量来测量的，潜变量 C 是通过 c1，c2，c3 3 个显变量来测量的。这个结构方程的结构部分包含两个回归方程，第一个回归因变量是 C，自变量是 A 和 B，第二个回归因变量是 B，自变量是 A。请你生成用于该分析的 Mplus 代码。

> **prompt** You are a data scientist and need to perform a structural equation modeling analysis. The model includes three latent variables, A, B, and C. Latent variable A is measured by three observed variables, a1, a2, and a3. Latent variable B is measured by three observed variables, b1, b2, and b3. Latent variable C is measured by three observed variables, c1, c2, and c3. The structural part of the model consists of two regression equations: the first regression has C as the dependent variable, and the independent variables are A and B. The second regression has B as the dependent variable, and the independent variable is A. Please generate the Mplus code for this analysis.

ChatGPT 给出的答案参考图 6-11。

在这个情况下，你的模型是一个包含测量模型（潜变量与它们的指标的关系）和结构模型（潜变量之间的关系）的结构方程模型。在Mplus中，代码可能如下：

```mplus
TITLE: Structural Equation Model;
DATA: FILE IS data.dat;
VARIABLE:
    NAMES ARE a1-a3 b1-b3 c1-c3;
    USEVARIABLES ARE a1-a3 b1-b3 c1-c3;

ANALYSIS: TYPE = GENERAL;
MODEL:
    A BY a1 a2 a3;
    B BY b1 b2 b3;
    C BY c1 c2 c3;
    C ON A B;
    B ON A;

OUTPUT:
    STANDARDIZED;
    MODINDICES(ALL);
```

图 6-11 ChatGPT 生成 Mplus 结构方程模型代码（示例）

需要指出的是，结构方程模型的文字提示分为测量和结构两个部分，需要先写测量部分，再写结构部分，这个结构是和结构方程模型相互对应的。我们在写文字提示的时候，需要在测量部分清晰定义结构方程模型中包含哪些变量，以及潜变量是如何测量的，在方程结构部分，我们需要对应 Mplus 的语法，定义有多少回归方程以及因变量和自变量分别是哪些。

我们修改以上代码中的变量名称为 grades.dat，然后运行该代码，顺利得到结果。我们需要摘出模型的整体拟合部分和模型的具体参数部分，它们在 Mplus 中分别是以 MODEL FIT INFORMATION 和 STDY Standardization 来开头的。我们可以把这些结果输入 ChatGPT，让它为我们生成对应的报告内容，甚至进一步生成讨论部分的内容。

2. R 软件代码（功能指数：★★★★★）

R 是一种免费的编程语言和软件环境，用于进行统计计算和图形表示。R 语言可以处理 99% 的社会科学模型，包括结构方程模型和多层线性模型等。我们采纳前面的倾向评分匹配的案例为示例，文字提示如下，图 6-12 为 ChatGPT 提供的结果。

> **文字提示**　我要在 R 软件中做一个倾向评分分析，请帮我生成代码。　✎
>
> **prompt**　I want to perform a propensity score analysis in R software. Please help me generate the code.　✎

```R
                                                              📋 Copy code
# 1. 安装和载入必要的R包
install.packages(c("MatchIt", "cobalt"))
library(MatchIt)
library(cobalt)

# 2. 数据预处理
df$treatment <- as.factor(df$treatment)  # 确保处理变量是因子类型

# 3. 进行倾向分数匹配
m.out <- matchit(treatment - covariate1 + covariate2 + covariate3, data = d

# 4. 检查匹配结果
summary(m.out)

# 5. 检查匹配质量
cobalt::bal.tab(m.out, un = TRUE)  # un = TRUE 代表同时显示未匹配和匹配后的结果

# 6. 创建匹配后的数据集
matched_data <- match.data(m.out)
```

图 6-12　ChatGPT 生成 R 倾向评分代码（示例）

ChatGPT 不但给出了 R 代码，还给出了代码解释，这些解释在写 R 软件代码的时候非常重要。

3. SPSS 软件代码（功能指数：★）

我们也尝试了生成 SPSS 代码，但是生成 SPSS 代码时会出现很多错误和误差。因此，我们不太推荐采用 ChatGPT 来生成 SPSS 代码。我们建议大家还是按照步骤点击 SPSS 相对应的功能键来分析数据。这里我们可以给大家展示一个案例来对比一下。我们在进行双因素实验分析的时候，如果交互效应显著，我们通常需要进一步进行简单效应分析。这个步骤是无法通过简单按键来完成的。这个时候我们可以要求 ChatGPT 生成一段代码来完成整个双因素实验分析，文字提示如下。

文字提示	请在 SPSS 中进行双因素实验分析，其中需要对 A 因素的不同水平下 B 的差异做简单效应分析，分析的数据集名称是 XXX。因素 A 有 3 个水平，因素 B 有 2 个水平。要求采用 GLM 模块进行分析，请生成分析代码。
prompt	Please conduct a two-way factorial analysis in SPSS, including simple main effects analysis to examine the differences in B across different levels of factor A. The dataset name for analysis is XXX. Factor A has three levels, and factor B has two levels. Please generate the analysis code using the GLM module.

以下是正确的代码，大家可以采用 ChatGPT 生成代码，然后运行代码检查结果，和以下代码进行对比。

正确代码

```
GLM
  DV NAMES BY A B
  /METHOD = SSTYPE(3)
  /INTERCEPT = INCLUDE
  /PRINT=ETASQ HOMOGENEITY
```

```
/PLOT = PROFILE(A*B B*A)
/CRITERIA = ALPHA(.05)
/DESIGN = A B A*B
/EMMEANS TABLES(A*B) COMPARE (A)
/EMMEANS TABLES(A*B) COMPARE (B).
```

大家会发现 ChatGPT 生成的 SPSS 代码运行之后出现错误，无法完成任务。但是，人工代码能够一次性将双因素实验主效应分析、简单效应分析和交互图形全部生成。这个案例说明我们可以让 ChatGPT 指导自己通过 SPSS 界面完成分析，但是 ChatGPT 生成的 SPSS 代码并不太实用。

4. Python 软件代码（功能指数：★★★★★）

ChatGPT 生成的 Python 代码正确率是比较高的，但是很多代码需要简单修正之后才能使用。计算传播学中经常使用网络爬虫来获取文本数据，如微博的发表内容和评论、B 站上的视频弹幕等。我们可以让 ChatGPT 生成爬虫代码，但是这些爬虫代码可能无法直接使用。

文字提示	写一段抓取微博热搜榜的代码。
prompt	Write a code snippet to fetch the hot topics from Weibo's trending topics.

打开 Python，运行工具 PyCharm，执行 ChatGPT 给出的代码（见图 6-13）。

我们发现并没有出现运行结果，于是我们增加日志调试，图 6-14 为 ChatGPT 给出的调试代码。

我们增加了调试日志，发现返回的 response 里并没有热搜榜的信息，怀疑是缺少 headers 和 cookie 信息所导致的，需补充 headers 和 cookie 信息。

在 Chrome 浏览器输入这个 URL，打开调试模式（见图 6-15）。

```python
import requests
from bs4 import BeautifulSoup
url = 'https://s.weibo.com/top/summary'
response = requests.get(url)
soup = BeautifulSoup(response.text, 'html.parser')
hot_topics = soup.select('.td-02')
for topic in hot_topics:
    print(topic.text.strip())
```

```
for topic in hot_topics
Run:    testgpt
 /Users/markfeng/anaconda3/bin/python /Users/markfeng/PythonProject/web_crawler/weibo_0522/testgpt.py

 Process finished with exit code 0
```

图 6-13　Python 运行 ChatGPT 提供的代码（示例）

```python
import requests
from bs4 import BeautifulSoup
url = 'https://s.weibo.com/top/summary'
response = requests.get(url)
print(response.status_code)
print(response.text)
soup = BeautifulSoup(response.text, 'html.parser')
hot_topics = soup.select('.td-02')
for topic in hot_topics:
    print(topic.text.strip())
```

```
Run:    testgpt
    window.use_fp = "1" == "1"; // ÊÇ·ñ²É%˜Éè±¸Ö¸Î£¡£
    var url = url || {};
    (function () {
        this.l = function (u, c) {
            try {
                var s = document.createElement("script");
                s.type = "text/javascript";
                s[document.all ? "onreadystatechange" : "onload"] = function () {

                    if (document.all && this.readyState != "loaded" && this.readyState != "complete") {
                        return
                    }
                    this[document.all ? "onreadystatechange" : "onload"] = null;
                    this.parentNode.removeChild(this);
                    if (c) {
                        c()
                    }
                };
                s.src = u;
                document.getElementsByTagName("head")[0].appendChild(s)
            } catch (e) {
            }
```

图 6-14　Python 进行代码调试（示例）

图 6-15　ChatGPT 生成 Python 代码调试（示例）

选中 NetWork 的 summary 这个链接，右键选择 Copy as cURL（见图 6-16）。

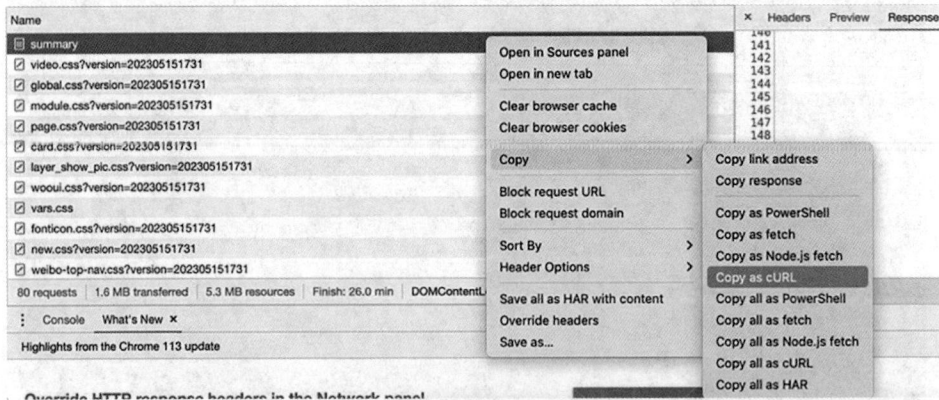

图 6-16　ChatGPT 生成 Python 代码调试（示例）

进入转换 URL 网站（见图 6-17）。

图 6-17 ChatGPT 生成 Python 代码调试（示例）

得到转换后的 header 和 cookie 信息，并复制到 ChatGPT 给我们的代码里（见图 6-18）。

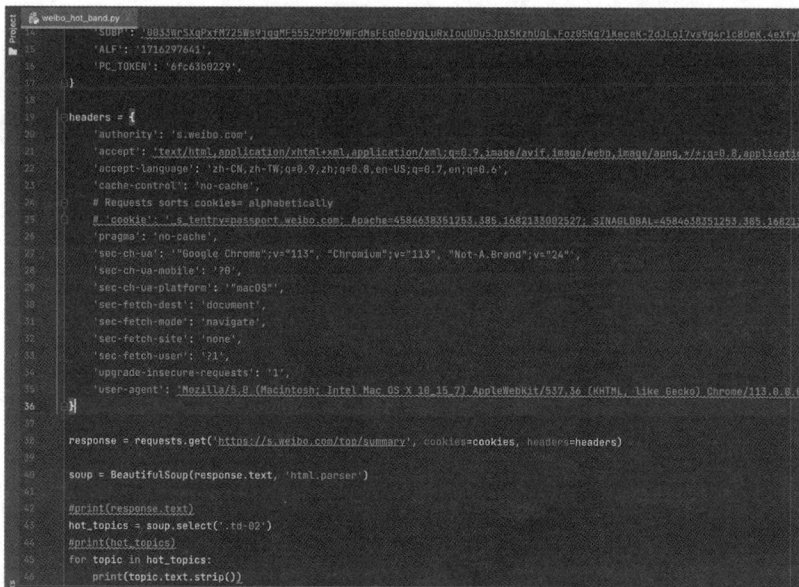

图 6-18 ChatGPT 生成 PYTHON 代码调试（示例）

运行代码，得到榜单数据。

从上面的案例可以看出，ChatGPT 可以写出一段比较简单的代码，但是如果想要能够彻底执行任务的代码，还需要大量调试和修改。当然，网络爬虫的代码可能更复杂，因为需要进行调试。如果我们要求生成的代码主要用于生成图形或简单的数据分析，那么代码可能能够直接运行。

六、数据分析自动化

CODE INTERPRETER 是 OPEN AI 提供的一款官方代码执行工具。这款工具可以帮助我们完成数据分析的自动化。我们可以直接用它来分析数据、根据数据作图、进行探索性数据分析等。下面我们给大家提供一系列的文字提示作为参考，希望对大家有所帮助。CODE INTERPRETER 是通过 Python 进行分析的。我们需要先上传数据给 ChatGPT。上传完毕之后，ChatGPT 会立刻给出反馈，这个时候，我们可以给出文字提示，让 ChatGPT 开始进行分析。文字提示如下。

文字提示	你是一个数据科学家，能否根据目前的数据集，思考它可以做哪些分析？请一步步思考，并且给出可靠的答案。
prompt	As a data scientist, can you think about the possible analyses that can be done based on the current dataset? Please think step by step and provide reliable answers.

文字提示	请进行描述性分析。
prompt	Please perform descriptive analysis.

文字提示	请进行相关性分析。
prompt	Please conduct correlation analysis.

文字提示	请采用 DV 为因变量，IV1、IV2、IV3、IV4 等为自变量建立一个随机森林预测模型。
prompt	Please establish a random forest prediction model using DV as the dependent variable and IV1, IV2, IV3, IV4, etc., as the independent variables.

当然，我们这里提供的几个文字提示只是一种参考，大家在实际应用中可以尝试各种模型的操作，包括直接作图。

文字提示	请根据销售数据中的区域变量做一个柱状图。
prompt	Please create a bar chart based on the regional variable in the sales data.

截止到本书成稿之日，CODE INTERPRETER 功能还没有大规模开放。

在量化研究领域，我们认为 GPT-4 带来的变化主要发生在设计方案与生成代码部分，它让以往比较复杂的分析简单化了。其中，CODE INTERPRETER 这个插件的引入，让复杂的统计分析实现了完全自动化，这大大降低了量化分析的门槛。

NOTES

本章小结

■ 1. ChatGPT 对量化研究的助力主要有两种方式，一是生成研究设计方案，二是生成分析代码。

■ 2. ChatGPT 的插件 CODE INTERPRETER 可以实现数据分析的自动化。

7

Chapter Seven

第七章

讨论参考版本

宾夕法尼亚大学沃顿商学院副教授伊桑·莫利克已经在他的所有课程中应用了 ChatGPT 和人工智能。他设定了一个课堂政策，即学生必须使用人工智能工具来增强他们的学习能力和创造力。他认为教育工作者需要与时俱进，教导学生如何适应新的人工智能世界。在他的课堂上，一部分学生利用 AI 写出了更有创意的文章。

——迪格南

（Dignan）

如前所言，讨论部分是一篇论文的精华所在，也是写作中最难的部分。讨论部分主要是将文章的结果与其他文献相结合，延展论文的结论在理论、政策和社会应用层面的意义。在论文写作过程中，讨论部分的写作一般会放到最后。

讨论部分的写作难度与论文的结果是高度相关的。一般情况下，论文的结果越丰富、越有意义，论文的讨论部分就越容易展开。因此，如果想降低讨论部分的写作难度，其实关键在于选一个好的选题和搭建一个有意义的研究框架，而不在于讨论本身。因此，如果一篇文章的选题和结果并不是很好的话，讨论部分其实是很难展开的，即使强行展开也会显得冗余、空洞。我建议大家在有充分的研究资源时，可以先筛选出不错的选题和结果，再展开讨论部分，完成整篇论文。

讨论一般分为 5 个部分：

（1）总结研究结果 讨论部分一开始需要总结最重要的研究结果。这部分需要注意的是，讨论部分和结果部分不同，结果部分的展现主要采用的是统计语言，而讨论部分对结果的总结需要更加通俗易懂。

（2）讨论结果对理论发展的意义 需要结合近 5 年的文献讨论这些结果对理论发展的意义，这部分要和前言部分前后呼应。参考文献一般需要 8~15 篇，最好都是近 5 年发表的重要文献。如前所言，这些文献的筛选是十分重要的工作，无法采用 ChatGPT 来替代。

（3）讨论结果对社会政策和社会实践的意义 90% 以上的社会科学文章的意义都停留在理论层面，很难改变社会实践。这一点和工科有着很大的区别。因此，这部分的讨论可长可短，关键在于和社会实践的关联度。这部分内容如果没有的话，可以简写或略写，不必刻意去写。

（4）**总结论文的不足之处和未来展望**　没有一篇论文是完美的，每一篇论文或多或少都会有一些缺陷。在论文的收尾处，一般需要列出论文的不足以及未来的解决方案。但这部分不宜太多，一般列出两条不足之处即可，太多会让人质疑这篇文章的质量。

（5）**结论部分**　讨论的最后还要再写一遍文章结论。那有同学可能会问，讨论开头已经总结了研究结果，为什么结尾还要再写一遍结论呢？有何区别呢？这两部分其实并不是简单重复，它们都有自己独特的作用。讨论开头的总结是对结果部分的再现，帮助读者快速进入讨论部分，起到承上启下的作用。讨论结尾的总结是对讨论过程的总结，是让读者在读完这篇文章之后，再提到这篇文章就立刻能想到的核心内容。因此，二者有本质的不同。

现在，大家对讨论部分的结构有了基本的了解。那么如何使用 ChatGPT 来辅助我们快速完成一篇论文的讨论部分呢？这个时候我们要回溯一下前言，我们在前面讲过，前言的写作最好是以人工为主，ChatGPT 用来辅助补充细节。比如，我们可以采用 ChatGPT 来迅速完成某个概念的定义或某几个理论的对比等内容，但是**前言的框架和主要段落还是需要研究者在大量阅读文献的基础上逐字逐句地完成**。很多同学不理解这样做的原因，为什么不能让 ChatGPT 在前言细化大纲的基础之上直接扩充论文呢？

首先，虽然 GPT-4 是一个非常智能的 AI 工具，但是在深入某一个小领域进行科研创作时还是有很大短板的，它缺乏这个小领域的文献数据和写作风格数据，特别是非常新的文献数据。因此，即使你给出了一份详细到每一个段落的写作大纲，它在写作的时候依然会出现风格不稳定的问题。其次，引言部分是整篇文章思路的起点，起点部分是非常重要的，因此需要作者逐字逐句进行写作。如果我们把一篇论文看作一个完整的推理过程，那么引言部分就是假设和条件，方法和结果部分就是对假设的验证，讨论部分就是在前三者的基础之上进一步进行的推理和延展。GPT-4 和其他 AI 最大的不同之处在于它强大的推理能力。它的推理能力接近高三毕业的学生。

这也就是说，GPT-4 可以基于一篇社会科学论文的前言、方法和结果部分，推理出它的讨论部分，并结合现有的文献进一步扩充内容。

通过 GPT-4 的辅助，讨论部分反而成了一篇论文中较为好写的部分。这里，论文的其他部分相当于是我们为 GPT-4 提供的小规模训练数据集，而讨论部分相当于 GPT-4 的预测数据集。这就是我们前三部分要求大家逐字逐句全部人工完成写作的好处。我们甚至可以通过文字提示，让 GPT-4 延续作者前三部分的写作风格。这样的操作可以生成不同的版本作为参考。下面，我们会通过案例给大家详细讲解这一过程。

一、讨论部分的生成与定型

这里我们采用一篇已经发表于 2020 年的文献为演示案例，大家可以对比 ChatGPT 的写作质量和纯粹人工的写作质量。我们选取的文章是《动机很重要：玩口袋妖怪 Go 的动机及其对健康的影响》(*Motives Matter: Motives for Playing Pokémon Go and Implications for Well-Being*)(Yang & Liu，2017)。

口袋妖怪 Go（Pokémon Go）是一款增强现实游戏，旨在让玩家在现实世界中捕捉、训练和对战虚构角色"口袋妖怪"（Pokémon）。玩家使用智能手机或其他兼容设备，通过 GPS 定位和现实世界地图，与游戏中的虚拟角色进行互动。在口袋妖怪 Go 中，玩家可以在现实世界的各个地点找到野生的口袋妖怪并尝试捕捉它们。游戏使用增强现实技术，将虚拟的口袋妖怪放置在玩家周围的环境中，玩家需要在屏幕上滑动球来捕捉它们。成功捕捉后，玩家可以将它们加入自己的口袋图鉴（Pokédex）中。

这篇文章研究的是玩口袋妖怪 Go 的动机及其对健康的影响。作者通过对 262 名口袋妖怪 Go 玩家进行调查，发现了 7 种游戏动机，探讨了这些动机与玩家健康之间的关系。此外，作者还开发了一个《口袋妖怪 Go 动机量表》来衡量不同动机对健康的影响。该研究认为，考虑用户的动机对数字媒体研究至关重要。

我们需要先确定论文讨论部分的写作提纲。虽然我们可以让 ChatGPT 辅助写作讨论内容，但是必须给它提供一个框架。这个部分可以参照引言与理论框架部分的信息。我们要求这个讨论的框架尽可能详细，大纲要扩展到段落这一级别。这样做的原因是尽可能地让 ChatGPT 的写作风格定型，不让它产生过大的写作偏差。这就和种植盆栽采用模具进行定型一样，我们也可以把这种通过大纲来固定 ChatGPT 写作内容的方式称为"定型"。

如果你并没有一个十分具体的讨论部分大纲，可以采用一般性模板，中文模板如下。

中文模板

1. 总结结果部分的主要发现。

2. 结合近期文献，探讨本文的主要发现对现有文献的推进和贡献。

3. 探讨研究的局限性并提出未来研究方向。

4. 总结本文的主要发现并强调其重要性和实践意义。

英文模板如下。

英文模板

1. Summarize the main findings in the Results section.

2. Discuss the implications and contributions of the main findings in relation to recent literature.

3. Explore the limitations of the study and propose future research directions.

4. Summarize the main findings of the paper and emphasize their significance and practical implications.

此外，如果你看过很多文献，十分清楚讨论部分每一小节都要写什么，你可以提供十分具体的大纲，以引用的文章为例，如下所示。

文章大纲

1. 讨论研究结果中发现的 7 种口袋妖怪 Go 游戏动机，包括逃避现实、成就感、社交性、探索性、锻炼身体、怀旧情感和收集欲望。作者认为这些动机与玩家的年龄和性别有关。

2. 探讨不同动机对玩家健康水平的影响。结果表明，锻炼身体和社交性动机与更好的身体健康水平相关，而逃避现实和怀旧情感动机与更差的心理健康水平相关。此外，作者还发现，收集欲望动机与玩家的幸福感有关。

3. 讨论研究的局限性并提出未来研究方向。该研究只考虑了口袋妖怪 Go 这一款游戏且样本局限于美国地区。未来研究可以考虑其他类型的移动游戏并扩大样本范围以获得更全面的结论。

有了这些大纲，我们还不着急让 ChatGPT 生成讨论部分。我们可以先把讨论部分需要用到的所有参考文献概要通过 ChatGPT 的插件或 CHATPDF 整理出来。等到所有重要文献全部整理完毕，我们就可以把这些文献一次性输入 ChatGPT，文字提示如下。

文字提示	你是一位心理学家，在游戏领域有多年的研究，下面是你写的一篇论文的前言（方法 / 结果）部分，论文名为 "Motives Matter: Motives for Playing Pokémon Go and Implications for Well-Being"，你收到了吗？你不用做出其他回答，只需回答收到或没收到。
prompt	You are a psychologist with many years of research in the field of gaming. Here is the introduction (methods/results) section of a paper you wrote, titled "Motives Matter: Motives for Playing Pokémon Go and Implications for Well-Being". Have you received it? You don't need to provide any other response; just answer whether you have received it or not.

这里需要注意的是，如果文章较长，我们可以把论文的前三部分分批次输入 ChatGPT，每次告诉它输入的内容是什么之后，我们可以用文字提示告诉 ChatGPT 讨论部分需要的重要参考文献。

文字提示	这是两篇重要的参考文献的总结，你收到了吗？	✎

"Billieux J, Ven der Linden M, Achab S, et al. Why do you play World of Warcraft? An in-depth exploration of self-reported motivations to play online and in-game behaviors in the virtual world of Azeroth. Computers in Human Behavior 2012; 29:103–109.

Summary:

Billieux et al's paper is a study on the motivations behind playing World of Warcraft (WoW), a massively multiplayer online role-playing game. The study investigates the relationships between players' self-reported motives and their actual in-game behaviors, as well as the associations between certain motives and problematic use…"

prompt	This is a summary of two Important references. Have you received it?	✎

" … "

我们这里只是以展示为目的，因此，此处没有列举很多文献。文献的总结可以采用 CHATPDF 完成。当然，你也可以直接采用 ChatGPT 的插件 AskYourPDF 来总结文献。这里需要说明的是，一般情况下，我们输入 ChatGPT 的文献数量为 10 篇左右。由于 ChatGPT 无法记住过多的内容，我们最好不要输入过多的参考文献。我们输入 ChatGPT 的参考文献尽量都是核心关键文献，这样能够保证 ChatGPT 生成内容的精准性。在 ChatGPT 获取文献之后，我们就可以让 ChatGPT 根据我们写好的讨论部分的大纲，完成讨论部分的写作。具体的文字提示如下。

<table>
<tr><td>文字提示</td><td>请结合这两篇文献，用英文为上述论文"Motives Matter: Motives for Playing Pokémon Go and Implications for Well-Being"续写 1 500 字的讨论，讨论部分的大纲如下。</td><td>✎</td></tr>
<tr><td>prompt</td><td>Please combine these two references and write a 1500-word discussion in English for the above paper "Motives Matter: Motives for Playing Pokémon Go and Implications for Well-Being". The outline for the discussion section is as follows.</td><td>✎</td></tr>
</table>

图 7-1 为 ChatGPT 根据文字提示完成的讨论版本，大家可以发现，ChatGPT 已经把参考文献加入了讨论。这里我们要求讨论的字数为 1 200 字。一般情况下，一篇英文 SSCI 论文的字数为 5 000~7 000 词，讨论部分的字数一般介于 1 500~2 000 词，但是 ChatGPT 无法生成过长的文字。我们如果需要 ChatGPT 生成更长的讨论文稿，可以让它分别生成各个小节。

🟢 Discussion

1. Examination of the Seven Motives for Playing Pokémon Go Found in the Study Results

Our research uncovers seven primary motives that drive individuals to play Pokémon Go: escapism, a sense of achievement, social interaction, exploration, physical exercise, nostalgia, and the desire for collection. These findings resonate with the insights provided by previous research, such as Wu et al. (2010), who examined the motivations behind online gaming in general, and Billieux et al. (2012), who delved into the reasons for playing the massively multiplayer online game, World of Warcraft. From these studies, it becomes evident that the identified motives extend beyond Pokémon Go, underscoring pervasive trends in the motivations underlying online and multiplayer gaming.

The wide array of motives discovered demonstrates the multidimensional appeal of Pokémon Go, effectively embodying the Uses and Gratifications theory. This theory proposes that media users, in this case, game players, actively choose and utilize media forms that satisfy their assorted needs (Wu et al., 2010). Furthermore, we noticed correlations between certain motives and player demographics, suggesting that factors such as age and gender can influence the primary drivers behind gameplay.

2. Discussion of the Impact of Different Motives on Player Health

图 7-1　ChatGPT 讨论部分速写（示例）

我需要强调一个这个环节可能会发生错误的步骤。有些同学可能会认为：你的步骤太麻烦了！我们直接把写好的前三部分做成 PDF 上传给 AskYourPDF，让 ChatGPT 直接阅读不就可以了？为什么要那么麻烦，一部分一部分地输入 ChatGPT？同学们提出的这种方案我们也尝试过。但是这样做的后果就是讨论部分完全没有细节内容。所以，我们不建议大家这样操作。

二、讨论部分多次生成与细节生成

GPT-4 虽然按照我们的大纲生成了具体讨论版本，但是我们还不能直接使用这些内容，这是因为 ChatGPT 写的讨论内容容易缺乏细节，变得泛泛而谈。如果我们对生成的内容不满意，那怎么办呢？我们这里提供两种解决方案。第一种方案是在生成讨论文本的时候，我们可以通过一般性大纲或模糊性提示，让它多生成几次。这样做的好处是通过模糊性指令，ChatGPT 每次生成的内容都会有所不同，我们可以筛选多个版本中最好的部分进行参考。下面是延续之前案例的一个演示，这部分文字提示的英文我们在之前有提过，这里不再重复提供。

> **文字提示** 请结合这两篇文献，用英文为上述论文"Motives Matter: Motives for Playing Pokémon Go and Implications for Well-Being"续写讨论，讨论部分的大纲如下：
> "1. 总结结果部分的主要发现。
> 2. 结合近期文献，探讨本文的主要发现对现有文献的推进和贡献。
> 3. 探讨研究的局限性，并提出未来研究方向。
> 4. 总结本文的主要发现，并强调其重要性和实践意义。"

这是第一次生成的讨论，见图 7-2。

Discussion

1. Summary of Key Findings

The research identified seven primary motives for playing Pokémon Go, namely Exercise, Fun, Escapism, Nostalgia, Friendship Maintenance, Relationship Initiation, and Achievement. Importantly, these motivations were linked to varying degrees of player well-being, with motives such as Fun and Exercise correlating with improved well-being (including physical health and social connectivity), while motives like Escapism and Nostalgia were associated with lower levels of well-being.

2. Contributions to Existing Literature

Our findings enrich the existing literature on game motivations, such as Wu, Wang, and Tsai's (2010) exploration of the uses and gratifications perspective in online gaming, and Billieux et al.'s (2012) examination of self-reported motivations to play World of Warcraft. Consistent with the uses and gratifications theory, we found that individuals play Pokémon Go for various reasons, each fulfilling different psychological needs. Unlike previous studies that focused on traditional online games, our research extends the understanding of game motivations to an augmented reality game, demonstrating how different motives impact player's well-being differently.

图 7-2　ChatGPT 第一次生成的讨论部分速写（示例）

这是第二次生成的讨论，见图 7-3。

Discussion

1. Summary of Key Findings

The findings of this study provide valuable insights into the motivations for playing Pokémon Go and their implications for players' well-being. Seven key motivational factors emerged: Exercise, Fun, Escapism, Nostalgia, Friendship Maintenance, Relationship Initiation, and Achievement. Each of these factors correlated with distinct aspects of well-being. For instance, playing Pokémon Go for fun and exercise corresponded with better physical health and social well-being, while motives like escapism and nostalgia were associated with poorer well-being.

2. Advancements and Contributions to Existing Literature

Our study builds on the Uses and Gratifications theory explored in Wu, Wang, and Tsai's (2010) study on online games and adds to the empirical understanding of motivations as delineated by Billieux et al. (2012) in the context of World of Warcraft. By exploring the motivations within the specific context of Pokémon Go, an augmented reality game, this study extends the application of such theory to this new gaming environment and provides further nuanced understanding of how different motives may affect player's well-being.

3. Limitations and Future Directions

Despite its contributions, this study has limitations that should be addressed in future research. First, the data was derived solely from American Pokémon Go players, which might limit the generalizability of the findings. Additionally, the study relied on self-reported

图 7-3　ChatGPT 第二次生成的讨论部分速写（示例）

我们这里面只列出来两次文本生成的结果，通过对比，我们发现这两次写出来的结果各有千秋。以第一段举例来说，我觉得第一个版本的第一句写得好，第二个版本的第二句写得好。那我们就可以取这里面写得最好的部分加入第一次用详细大纲生成的文本中。

当然，如果某个部分的内容无论 ChatGPT 怎么生成都无法达到要求，我们就需要重新写一个更加详细的指令，来针对这一部分生成专门的内容。这是第二种方案。我们还拿这篇文章举例，比如说，我们觉得 ChatGPT 写的第二部分内容无论如何都太不细致，需要更加完善。这个时候可以专门针对这个部分设置一个更加详细的指令。我们还可以专门提供针对这个部分的参考文献。

我们提供了几种 ChatGPT 的文字提示，供大家挖掘更深层次的讨论。

文字提示　"Table 2. Correlations Among Major Variables

Mean (SD) 1 2 3 4 5 6 7 8 9 10 11 12

(1) Play amount (hours/day) 3.10 (2.69) 1

(2) Exercise (1–5) 3.49 (1.07) 0.11 1

(3) Fun (1–5) 4.21 (0.70) 0.14* 0.27*** 1

　…"

请找出表格数据中显著的结果，扩展讨论的第二部分。

---

prompt　"Table 2. Correlations Among Major Variables

…"

Please identify significant results in the table and elaborate on them in the second part of the discussion.

文字提示　社会交互是在线游戏的重要动机，对玩家的社会性发展和心理健康有好的效应，请结合口袋妖怪 Go 这款 AR 游戏的特征和最新文献，探讨本文对原有文献的贡献。以下是这个领域最新文献的总结。

> prompt Social interaction is an important motivation in online games and has positive effects on players' social development and psychological well-being. Please discuss the contribution of this article to the existing literature, considering the features of the AR game Pokémon Go and the latest literature. Below is a summary of the most recent literature in this field.

上面的第一个文字提示是通过提交表格类数据让 ChatGPT 进一步深挖结果部分的细节。第二个文字提示则是作者特别想加入某一个方面的内容，专门针对这个方面的内容来进行提问。当然，大家在写作的过程中，可能会发现更多独特的使用技巧，我们可以互相交流、共同进步。

三、ChatGPT 讨论作为参考，之后进行定稿

如果大家采用 ChatGPT 来写讨论，那么定稿之前，我们需要逐字逐句检查终稿。ChatGPT 写的讨论总体上来看是可以用来作为重要参考的，但是细节上仍然需要作者精雕细琢。我们在这里特别指出需要大家重点关注的几个方面。首先，如前文所讲，ChatGPT 在生成参考文献的时候能力有限，根据我们的指引，只能引用关键文献。因此，我们需要手动添加相关参考文献，把丰富细节的参考文献逐一手工添加进去。其次，ChatGPT 在细节上的思路可能会和作者存在出入，实际应用时可能有较多的内容没有提到，需要作者逐一完善。最后，ChatGPT 生成的内容可能存在谬误，我们需要通篇检查这些错误。总之，作者可以在参考 ChatGPT 生成内容的基础之上进行创作和检查，直到完成终稿。

由于讨论部分的写作过程较为烦琐，我们给大家画了一个流程图，见图 7-4，这个图集合了各个环节，方便大家清楚地了解讨论的写作流程。

```
┌──────────┐              ┌──────────┐
│  通用大纲  │              │ 制定详细大纲 │
└──────────┘              └──────────┘
     │                         │
     │                      ChatGPT
     │                         │
     │                         ▼
     │                    ┌──────────┐      ┌──────────┐
  ChatGPT                 │  ChatGPT  │◀─────│ 这是主版本  │
     │                    │  生成版本1 │      └──────────┘
     │                    └──────────┘
     │                    人工阅读摘录
     ▼                         │
┌──────────┐                   ▼
│  ChatGPT  │   参考      ┌──────────┐
│ 生成版本N  │─────────▶  │ 合并为版本2 │
└──────────┘              └──────────┘
                               │
┌──────────┐                   ▼
│ 具体问题生成 │   补充      ┌──────────┐
│          │─────────▶  │  丰富细节  │
└──────────┘              │ 为版本3   │
                          └──────────┘
                               │
                               ▼
                          ┌──────────┐
                          │  人工校验  │
                          │ 为版本4   │
                          └──────────┘
```

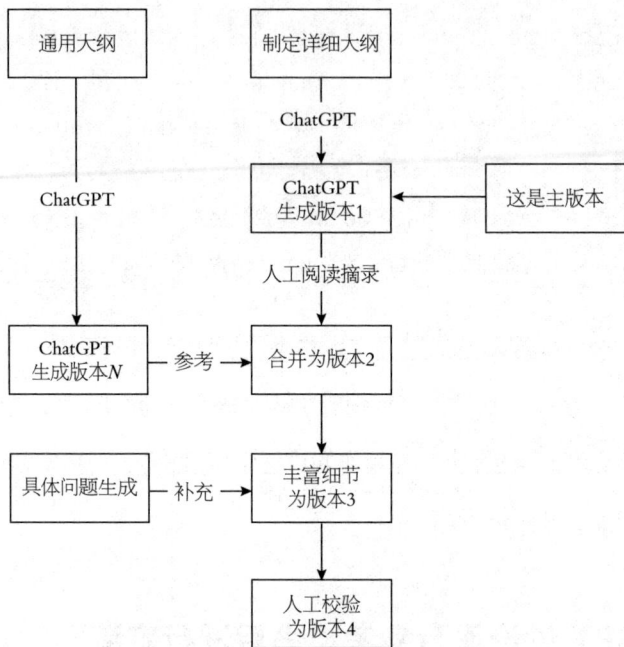

图 7-4   ChatGPT 讨论部分参考流程图

我们把本章节中讲到的讨论部分修改过程划分为 4 个环节，其中第一个环节是采用详细大纲生成 ChatGPT 版本，我们需要采用这个版本的讨论为主版本。在主版本之外，我们可以通过通用大纲生成多个讨论的版本。采用通用大纲生成的每个版本之间都有较大差异。我们可以挑选参考这些版本中写得最好的部分进行摘录，补充或者替换到我们的主版本讨论文本中去。这样讨论的基本轮廓就已经形成了。

在此基础之上，讨论的细节可能还需要进一步深度挖掘。因为即使我们提供了比较详细的讨论大纲，GPT-4 生成的讨论也很可能只能给我们提供一个不错的框架，框架里面还缺失很多细节内容。这个时候，我们可以针对具体想要补充的问题向 ChatGPT 提问，对细节部分进行补充，对有意义的结果进一步深挖。最终，我们需要再人工修补校验，形成终版。最后需要强调的是，本章提供的方法只能用来为最后的讨论写作提供参考。要想写好一篇文章的讨论，最重要的还是作者自己的写作思路！

NOTES

本章小结

1. 在论文的引言、方法和结果部分都已经人工完成的基础之上，为 ChatGPT 提供写作大纲和参考文献，可以让 ChatGPT 为我们生成作为参考的讨论部分。

2. 可以让 ChatGPT 多生成几次，比如 3~5 次，从中选取比较好的部分作为终稿的参考内容。

3. 讨论定稿之后，需要人工多次校准，查找逻辑和细节上的错误。

8

Chapter Eight

第八章

统稿、润色和修正

ChatGPT 的写作水平取决于其模型参数、输入数据和限制条件，它可以生成高质量的文本，但也可能生成不完整或没有意义的文本。

——斯坦福大学教育学院

通过前面几章，我们已经讲解了如何利用 ChatGPT 来完成一篇论文的主体部分。但是这并不代表我们已经完成了一篇可以投稿的论文。一篇论文要达到投稿的标准还需要完成摘要、参考文献、图表，检验论文格式，润色和修正。当然，有些期刊可能还要求提供 3~5 个主要发现的要点或 200 字的研究意义。完成这些工作之后，我们就可以投稿了。

一、生成摘要

那么 ChatGPT 能够参与这些环节的工作并大幅提升效率吗？答案当然是肯定的。下面我们按照不同环节来讲解如何利用 ChatGPT 完成这些工作。我们来看一下摘要。摘要的字数一般会限制在 150~250 个单词，具体多少字需要看期刊要求。摘要是非常结构化的，因此它比较适合采用 ChatGPT 来生成。摘要一般用一句话来介绍背景信息，一句话介绍方法，2~3 句话来概括主要结果。如果我们已经完成了论文主题部分的创作，那么可以把主题部分输入 ChatGPT，然后通过文字提示让 ChatGPT 直接生成论文摘要，文字提示如下。

文字提示	我希望你能根据刚才我给你的手稿，为我草拟一个论文摘要。摘要应以一句话介绍广泛的背景信息，然后概述手稿的独特贡献。接下来，用一句话概括研究方法，特别是样本量和研究设计。之后，用一句话概括主要发现。最后，用一句话阐明研究的广泛影响或意义。要求总字数不超过 200 字。
prompt	Based on the manuscript I just provided to you, I hope you can draft an abstract for my paper. The abstract should capture the broad background information in one sentence, followed by an overview of the unique contributions of the manuscript. Next,

prompt the research methods should be summarized in one sentence, especially the sample size and research design. Then, summarize the main findings in one sentence. Finally, clarify the broad impact or significance of the research in one sentence. The total number of words should not exceed 200.

从图 8-1 的回答中大家可以看到，GPT-4 给出的回答是非常不错的，符合我们对摘要结构的要求。但是它没有给出具体的参与人数和结果参数，我们可以自己添加进去。这里需要说明的是，我们在输入摘要文字提示之前，已经分批把整篇文献输入了 GPT-4。具体输入步骤请参考前几章。

Augmented reality (AR) games like Pokémon Go have become a cultural phenomenon, prompting a need to understand the implications on player well-being. This study uniquely probes into this unexplored territory, illuminating the various motives behind playing such games and their impact on players' health. Utilizing an online survey method on a large cohort of Pokémon Go players, we explored their gaming habits, motivations, and self-perceived well-being. A crucial finding is the correlation of exercise and social interaction motives with enhanced physical health and life satisfaction, while escapism and nostalgia motives link to poorer psychological health. This study underscores the potential of AR games in promoting healthier behaviors and their societal implications, paving the way for further research in the impacts of AR gaming on player well-being.

图 8-1　ChatGPT 生成摘要（示例）

二、引用格式

整理文章的参考文献格式是一个烦琐的工作。一般来讲，社会科学的文献大都采用 APA 格式，但是也有一部分采用了 MLA 格式。极个别的期刊采用的格式是自己制定的。因此，我们每投稿一次，都需要耗费大量时间精力，重新整理一次文献。我们现在可以让 GPT-4 帮助我们快速更改论文格式。下面我们采用一段论文来给大家演示。图 8-2 为 ChatGPT 修改的文内引用格式，图 8-3 为 ChatGPT 修改的参考文献列表格式。

文字提示 请把下面论文中的引用格式修改成 APA 格式，论文如下。

"Motives play an important role in understanding players' approaches to digital games. Based on the uses and gratifications (U&G) perspective, 1 gaming research 2,3 shows that the same game can gratify multiple needs. Researchers have been proposing different motive models of game playing and exploring how these motives relate to actual gaming behaviors. 2,4

...

1. Katz E, Blumler JG, Gurevitch M. (2015) Utilization of communication by the individual. In Blumler JG, Katz E,eds. The uses of mass communications: current perspectives on gratifications research. Beverly Hills, CA: Sage, pp. 19–32.

..."

prompt Please revise the citation format in the following paper to APA format. The paper is as follows:

"..."

Here is the APA-formatted references for your text:

Motives play an important role in understanding players' approaches to digital games. Based on the uses and gratifications (U&G) perspective (Katz, Blumler, & Gurevitch, 2015), gaming research (Sherry, Greenberg, Lucas, & Lachlan, 2006; Wu, Wang, & Tsai, 2010) shows that the same game can gratify multiple needs. Researchers have been proposing different motive models of game playing and exploring how these motives relate to actual gaming behaviors (Sherry et al., 2006; Billieux, Ven der Linden, Achab, et al., 2012).

Most research has focused on video and online games, whereas mobile games (the games accessible on mobile devices) are calling for more attention with their increasing popularity. For instance, Poke´mon Go is a game where players rely on the GPS on their mobile device to locate and capture Poke´mon, a collection of fictional creatures. Adopting the augmented reality (AR) techniques that mingle the virtual world with the reality, the game can make

图 8-2 ChatGPT 修改论文文内引用格式（示例）

References

Billieux, J., Ven der Linden, M., Achab, S., et al. (2012). Why do you play World of Warcraft? An in-depth exploration of self-reported motivations to play online and in-game behaviors in the virtual world of Azeroth. Computers in Human Behavior, 29, 103–109.

Katz, E., Blumler, J.G., & Gurevitch, M. (2015). Utilization of communication by the individual. In J.G. Blumler & E. Katz (Eds.), The uses of mass communications: Current perspectives on gratifications research (pp. 19–32). Sage.

图 8-3　ChatGPT 修改论文参考文献列表格式（示例）

从 ChatGPT 的回复中我们发现，ChatGPT 把格式从其他格式调到 APA 格式是非常容易、便捷的。我们也尝试了从 APA 格式调整成其他格式，比如比较小众的 SAGE Harvard citation 格式，发现效果也很不错。

在 ChatGPT 出现之前，论文修改格式非常耗费时间，特别是有些论文被拒稿之后需要按照不同期刊的要求反复修改。现在，我们可以采用 ChatGPT 直接转换论文引用格式，非常便捷。

三、生成表格

论文的表格整理是一项烦琐的任务，特别是从大量的结果中摘抄和整理数据。在第六章中，我们提到了 GPT-4 可以解释 Mplus 等软件的分析结果。那么，ChatGPT 能否同时提取数据呢？如果可以，那实在是太好了。从软件提取数据制成 APA 格式的表格也是一个非常费时费力的过程。我们经过测试，发现 ChatGPT 可以提取关键数据并整理表格，这个表格不是 APA 的三线表格式，但我们需要稍加整理即可使用。

我们首先把第六章量化分析中 Mplus 生成的路径参数的结果直接输入 ChatGPT，ChatGPT 会回答它识别了这是结构方程模型的结果（见图 8-4）。

此表显示了结构方程模型（SEM）的结果，这是一种用于社会科学（包括心理学、教育学和商业）的统计建模技术。

该模型包含3个结构或潜变量：A、B和C。每个构造由3个观测变量测量：A的A1、A2、A3；B的B1、B2、B3；C的C1、C2、C3。

图 8-4　ChatGPT 识别结构方程模型（示例）

这个时候我们只要接着输入下面的文字提示，就可以得到整理好的表格（见图 8-5）。

文字提示　这是一个结构方程模型的参数部分结果，你能从中选取发表常用数据，按照 APA 格式整理成表格吗？

prompt　This is the parameter part of a structural equation model's results. Could you select the commonly published data from it and organize it into a table according to APA format?

确定，以下是将你提供的结构方程模型的结果按照APA格式整理后的表格：

建模路径	标准化估计	标准误	t 值	p 值
A1 ← A	0.699	0.036	19.422	<0.001
A2 ← A	0.677	0.036	18.629	<0.001
A3 ← A	0.808	0.032	25.426	<0.001
B1 ← B	0.902	0.012	74.867	<0.001
B2 ← B	0.934	0.010	92.693	<0.001
B3 ← B	0.913	0.011	79.518	<0.001
C1 ← C	0.854	0.018	48.096	<0.001
C2 ← C	0.883	0.016	54.749	<0.001
C3 ← C	0.893	0.016	57.130	<0.001
C ← A	0.349	0.066	5.294	<0.001
C ← B	0.125	0.063	1.988	0. 047
B ← A	0.507	0.047	10.840	<0.001

这个表格按照APA格式将每个路径的标准化估计、标准误、t 值和 p 值列出。在APA格式中，p 值小于0.001常常被写成<0.001 这里我假定每个路径的估计都是显著的。如果某些路径的估计不显著，你可能需要在表格或者文本中注明。

图 8-5　ChatGPT 整理表格（示例）

在设置文字提示的时候，需要注意的是，虽然 ChatGPT 在上面提到自己已经识别了这是结构方程模型的结果，我们还是要给予明确提示，说明提供的是什么模型的分析结果，以防出现错误。从图 8-5 ChatGPT 整理的表格来看，结果非常令人满意，我们后面只需要调整表格格式，直接复制到论文中就可以了。

我们在做分析的时候会发现 SPSS 生成的表格非常杂乱，需要整理很长时间。那么，如果直接将这种结果复制到 ChatGPT 中，它能够准确无误地整理出来吗？经过尝试，我们发现如下的文字提示是可行的。

> **文字提示** 下面是 SPSS 生成的相关系数表，请把它整理成 APA 格式的表格，保留数据两个小数点，保留数据的星号。

> **prompt** Below is the correlation coefficient table generated by SPSS. Please organize it into an APA formatted table, with data rounded to two decimal places and asterisks indicating significance.

ChatGPT 生成的表格请参考图 8-6。

以下是将相关系数表整理成 APA 格式的表格。请注意，在 APA 格式中，我们通常不显示 p 值的细节（例如，0.003），只标记出那些在 0.01 和 0.05 水平上显著的关系。

	您的年龄	您的性别	您的最高学历	您的个人月收入为
您的年龄	1	-0.114**	-0.587**	-0.283**
您的性别	-0.114**	1	0.062	-0.046
您的最高学历	-0.587**	0.062	1	0.605**
您的个人月收入为	-0.283**	-0.046	0.605**	1

图 8-6 ChatGPT 生成相关系数表格（示例）

四、论文的自评与修正

论文完成初稿之后，一般情况下，我们还需要找专家给我们提出评审意见。找专家评审其实并不容易，即使对老师来说，找人评审论文也是一件苦活。我们这个时候可以通过文字提示让 ChatGPT 充当我们的评审专家，为论文提出问题，帮助我们进行修正。我们需要分批次把论文输入 ChatGPT，操作步骤见第五章，或者采用 AskYourPDF 这个第三方插件把论文直接上传，在输入论文完成之后，输入对论文进行评审的文字提示。

- **评价论文的逻辑性和连贯性**

文字提示 | 你是一个顶级期刊的评审专家，请分析以下文本中各段落的逻辑关系和连贯性。请指出那些流畅性或段落间联系可以被改善的地方，并提供具体建议，以提升整体的质量和可读性。请同时也对句子提供修改建议。但是，不要提供原始文本。

prompt | You are an expert reviewer for a top-tier journal. Please analyze the logical relationships and coherence within the paragraphs in the following text. Identify areas where fluency or paragraph transitions can be improved, and provide specific suggestions to enhance the overall quality and readability. Please also provide suggestions for modifying sentences. However, do not provide the original text.

- **评价论文结构**

文字提示 | 你是一个顶级期刊的评审专家，请分析这篇论文的组织结构是否清晰。请确认引言、方法、结果、讨论和结论是否在逻辑上连贯，使读者能明白作者的研究目的、实施方式、主要发现以及这些发现的含义。请提出批判性的意见。

prompt | You are an expert reviewer for a top-tier journal. Please analyze whether the organizational structure of this paper is clear. Determine if the introduction, methods, results, discussion, and conclusion are logically coherent, enabling readers to understand the author's research purpose, implementation methods, major findings, and the implications of these findings. Please provide critical feedback.

• 方法的适当性

文字提示　你是一个顶级期刊的评审专家，请分析下面这篇论文的研究设计是否科学合理。请确认使用的方法和实验设计是否适合论文所研究的问题。请评估使用的样本量是否合适。请提出批判性的意见。

prompt　You are an expert reviewer for a top-tier journal. Please analyze whether the research design of the following paper is scientifically sound. Determine if the methods and experimental design employed are appropriate for the research question addressed in the paper. Assess whether the sample size used is adequate. Please provide critical feedback.

• 讨论的适当性①

文字提示　你是一个顶级期刊的评审专家，这分析：这篇文章的讨论是否与结果一致？讨论部分的内容是否基于结果部分，是否超出结果所能支持的范围？讨论部分是否包含了大量未经证实的假设或推测？讨论中有哪些观点是没有足够论据支持的？该讨论是否深入地解释了结果？是否与现有的研究相联系？请比较这篇文章的结果与其他研究的结果，解释可能的异同。请提出批判性的意见。

prompt　You are an expert reviewer for a top-tier journal. Please analyze whether the discussion in this article aligns with the results. Assess if the content in the discussion section is based on the results and if it extends beyond what the results can support. Determine if the discussion section contains numerous unsubstantiated assumptions or speculations. Identify the viewpoints within the discussion that lack sufficient evidence. Evaluate whether the

---

① 这里需要注意，如果讨论部分采用的是其他标题，可能导致 ChatGPT 无法识别，这个时候需要修改标题为"讨论"，以用于机器识别。

| prompt | discussion provides a comprehensive explanation of the results. Assess if it connects with existing research, compares the author's findings with other studies, and explain potential similarities and differences. Please provide critical feedback. |

• 结果数据的核对

| 文字提示 | 请把结果部分报告的数据和表格 X 中的数据进行对比，并将结果部分的偏差进行矫正。请提出批判性的意见。 |

| prompt | Please compare the data reported in the results section with the data in Tables X, and correct any discrepancies found. Please provide critical feedback. |

• 从整篇论文发表角度进行评判

| 文字提示 | 你是一个顶级期刊的评审专家，请从发表的标准评判这篇文章，并尽可能多地提出修改意见。 |

| prompt | You are an expert reviewer for a top-tier journal. Please evaluate this article based on the publication standards and provide as many suggestions for revisions as possible. |

上面的文字提示可以让 ChatGPT 帮助我们进行常规检查，并且得到一些检查意见。但是，ChatGPT 无法替代经验丰富的专家。有的时候专家的一句话就可以指出一篇文章最大的突破点，让我们茅塞顿开，思想得到升华，文章上一个档次。如果让 ChatGPT 来分析一篇中规中矩的文章，估计是很难提出有深度的意见的。

五、文献核对

每一篇文章完成之后最容易出错的部分就是文献引用部分。很多情况下，我们在正文中引用了某篇文献，但是在参考文献部分忘记了把该文献包含在内，或者，在参考文献中包含了一些在正文中没有提到的文献。把正文引用和参考文献进行一一匹配核对是特别麻烦的。那么，我们能通过 ChatGPT 解决这个问题吗？我们通过多次尝试，摸索出来一个可以用来高效查找文献引用错误的方法。我们现在就来一步一步把这个方法展现给大家。

一开始，我们还是需要把写好的文章分批输入 ChatGPT。但是，这里输入文献的时候和之前有所不同。首先，我们不能通过 AskYourPDF 等第三方插件来进行输入；其次，我们不能把文章全部输入 ChatGPT 之后再开始让它整理引用。主要原因在于查找文献是一个非常精细的任务，如果通过插件读入 PDF 版本的话，ChatGPT 很难将所有引用全部查出来。另外，如果我们一次性将全篇文章输入的话，ChatGPT 会丧失之前的记忆，很难抓取全篇所有文献。因此，我们只能将论文分为 4 个部分，即前言、方法、结果、讨论，分 4 次提取文章中引用的所有文献，然后进行合并。在获取了正文中的所有引用后，我们就可以开始后续的比对。整个比对流程需要 6 个步骤，如下所示。

第一步，我们需要分步输入文献提取引用，文字提示如下。

> **文字提示** 下面是一篇论文的引言部分，你能把这篇文章引用的文献按字母排序吗？
>
> "Globally, there was an estimate of 43 million blind people (The Lancet Global Health Commission on Global Eye Health, 2021) and at least 2.2 billion people who have a near or distance vision impairment (World Health Organization, 2023).
> ..."

> **prompt** Here is the introduction section of a paper. Can you please alphabetically sort the references cited in this article?
> " "

通过上面的文字提示，我们可以把 4 个部分的引用全部集齐，然后进行第二步，去除重复引用，得到完整的正文引用目录。

文字提示	请把正文引用的重复部分去除。 "Anderson et al., 2010…"
prompt	Please remove any repetitive sections in the body of the text. " …"

第三步，在得到正文中的引用之后，再将全部的参考文献列表输入 ChatGPT，提取所有文献的引用格式。

文字提示	这是这篇文章的完整参考文献列表，请提取每篇文章的作者名和出版年份做成列表。 "Anderson CA, Shibuya A, Ihori N, et al. (2010) Violent video game effects on aggression, empathy, and prosocial behavior in eastern and western countries: a meta-analytic review. Psychological Bulletin, 136: 151. …"
prompt	Here is the complete reference list for this article. Please extract the author names and publication years of each article and create a list. " …"

第四步，在得到所有参考文献的简写格式之后，我们就可以开始比对了。这个时候我们需要重新开启一个对话框，设置 ChatGPT 的对话背景。

文字提示	你是一个论文校对编辑，现在有一篇论文的引用和参考文献需要进行比对，查漏补缺，我会提供正文的引用和文章后面的参考文献，供你进行比对，你明白了吗？
prompt	You are a thesis proofreading editor. Now there is a need to compare and supplement the references and citations of a thesis. I will input the citations in the text and the references at the end of the article for you to compare. Do you understand?

设置好背景之后，我们需要把正文的引用以及参考文献的简写版全部输入 ChatGPT。

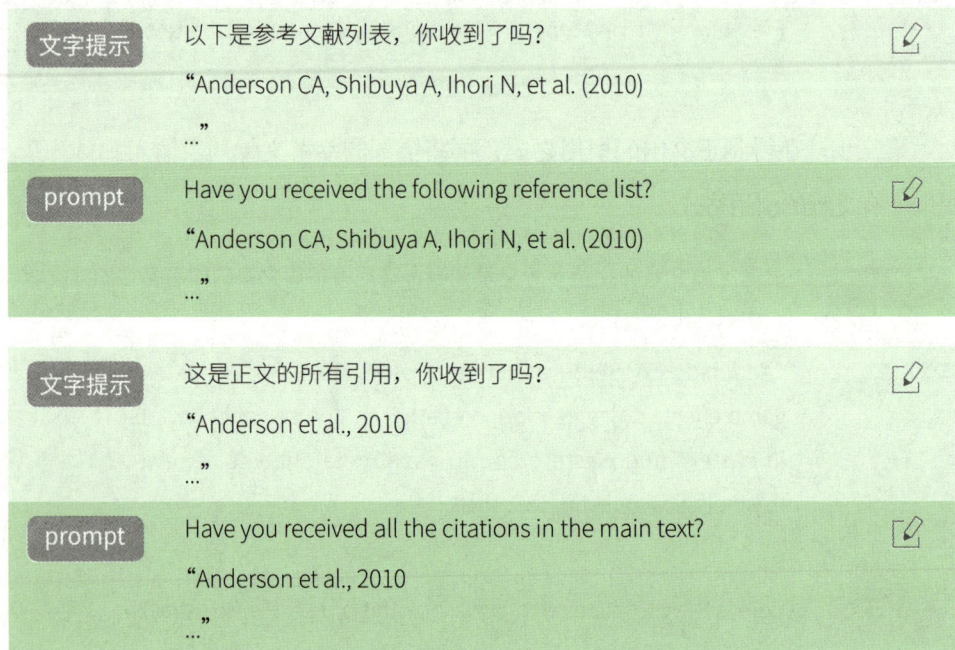

文字提示	以下是参考文献列表，你收到了吗？
	"Anderson CA, Shibuya A, Ihori N, et al. (2010) …"

prompt	Have you received the following reference list?
	"Anderson CA, Shibuya A, Ihori N, et al. (2010) …"

文字提示	这是正文的所有引用，你收到了吗？
	"Anderson et al., 2010 …"

prompt	Have you received all the citations in the main text?
	"Anderson et al., 2010 …"

在收到正文引用之后（见图 8-7），ChatGPT 会自动进行比对，比对正文引用和参考文献之间的不同（见图 8-8）。

SU 这是该论文正文的所有引用，"Anderson et al., 2010
Andrade et al., 2019
Archambault and Olivier, 2005
Baker et al., 2022
Balan et al., 2015
Bassey and Ellison, 2019
Brandtner et al., 2022
Buaud et al., 2002
Carras et al., 2017
Chadwick et al., 2019
Chuang et al., 2021

图 8-7　ChatGPT 引用输入（示例）

2. 在参考文献列表中，但在正文引用中未找到的引用：
- Bassey, E., Ellison, C., & Walker, R. (2019)
- Burton, M. J., Ramke, J., Marques, A. P., Bourne, R., & Faal, H. B. (2021)
- Garnefski, N., Kraaij, V., De Graaf, M., & Karels, L. (2010)
- Grammenos, D., Savidis, A., Georgalis, Y., & Stephanidis, C. (2006)
- Halbrook, Y. J., O'Donnell, A. T., & Msetfi, R. M. (2019)

3. 引用和参考文献列表中的年份不符：
- Chadwick et al., 2019在引用中，但在参考文献列表中是Chadwick, D. D., & Fullwood, C. (2018)
- Bassey and Ellison, 2019在引用中，但在参考文献列表中是Bassey, E., Ellison, C., & Walker, R. (2019)

图 8-8　ChatGPT 校对引用（示例）

获取这些不一致的地方之后，我们就可以删除多余的文献或者补充漏掉的文献。

第五步，查找正文中没有出现，但参考文献中出现的文献。

| 文字提示 | 请检查有没有参考文献中出现，但是正文中没有出现的参考文献。 |
| prompt | Please check if there are any references that appear in the reference list but are not mentioned in the main text. |

第六步，查找参考文献中没有出现，但正文中出现的文献。

| 文字提示 | 请检查有没有正文中出现，但参考文献中没有出现的引用。 |
| prompt | Please check if there are any citations in the main text that are not included in the reference list. |

通过以上步骤，我们可以定位正文引用和参考文献列表中不匹配的部分，很快就可以彻底核对全文。需要注意的是，我们采用的方式是先简化参考文献中的引用格式，再和正文中的引用进行比对。通过这样的操作，即使文献特别多的论文，我们也可以很快处理完毕。

六、论文的润色与查重

到这个时候，整篇论文已经接近完成，所有的工作只差论文的润色和查重了。论文的润色分为两个步骤，第一步是通过 GRAMMARLY 软件来检查语法和单词拼写错误，第二步是通过出版社专业编辑来人工校对有哪些写得不太合适的地方。ChatGPT 的出现简化了论文润色的流程和成本，让润色这一过程变得更加方便。下面是文字提示，供大家参考。

文字提示　你是一个有 10 年经验的科学期刊校审编辑。你的任务是改进文本的拼写、语法、清晰度、简洁性和整体可读性，同时还需要将长句拆分、减少重复，确保不同段落之间有适当的过渡句，使得读者能够顺利地从一个想法过渡到下一个想法。你还需要确保论文的格式符合 APA 格式，并运用你在该研究领域的专业知识来对文稿进行改进。请你将输出结果以表格的形式呈现。第一列是原始句子，第二列是编辑后的句子，第三列是改写原因。

prompt　You have ten years of experience as a scientific journal proofreading editor. Your role is to enhance the spelling, grammar, clarity, conciseness, and overall readability of the text. Additionally, you should split long sentences, reduce repetition, provide suitable transitional sentences between paragraphs to facilitate smooth transitions from one idea to the next. It is crucial to ensure the paper's format follows APA style guidelines while utilizing your professional expertise in the research field to improve the manuscript. Please present the output in a table format. The first column represents the original sentence, the second column contains the edited sentence, and the third column provides the reason for the revision.

ChatGPT 给出的回答可以参考图 8-9。

	原始句子	编辑后的句子	改写原因
	Despite increased studies on the gaming experience of the blind and visually impaired (BVI), little is known about the motivations and social benefits of engaging in online games for BVI people.	Despite the growing number of studies on the gaming experience of individuals who are blind and visually impaired (BVI), there is limited knowledge regarding the motivations and social advantages of participating in online games for this population.	Improved clarity and conciseness. Replaced "increased studies" with "growing number of studies" for precision. Replaced "little is known" with "limited knowledge" for conciseness.
	Based on an overview of existing literature concerning the potential effects of online games for this population, this study investigates BVI players' motives and its associations with social well-being, taking the Chinese popular game "Listen and Play Jianghu" as an example.	Drawing on an overview of the existing literature exploring the potential effects of online games for individuals who are blind and visually impaired (BVI), this study examines the motives of BVI players and their relationship with social well-being, using the Chinese popular game "Listen and Play Jianghu" as an illustrative case.	Improved clarity and coherence. Replaced "concerning" with "exploring" for precision. Replaced "BVI players' motives and its associations" with "the motives of BVI players and their relationship" for grammatical consistency.
	Through 21 semi-structured	Utilizing 21 semi-structured	Improved clarity and

图 8-9 ChatGPT 论文润色（示例）

我们可以逐一检查 ChatGPT 的回答，检查确认之后，我们可以让 ChatGPT 直接提供整段润色之后的段落，文字提示如下。

文字提示	请呈现修改之后的段落。	✎
prompt	Please present the paragraph after it has been revised.	✎

有同学会问，如果我们先用 GRAMMARLY 进行了一部分润色修正，ChatGPT 还能发现需要修改的地方吗？答案是肯定的，即使是 GRAMMARLY 修正过的文稿，ChatGPT 还是能够继续进行提升。原因是 GRAMMARLY 修正的部分比较细节，而 ChatGPT 可以从整体上进行修正。ChatGPT 的角色更像是一位出版社的付费润色编辑。

论文润色完毕之后，我们在投稿之前就只剩下查重这一项工作。查重的工具有很多，如 iThenticate 和 Turnitin。我们拿 iThenticate 来举例，该软件一般会把重复的部分标红，并在侧边栏列出该语句来自哪篇论文或哪本书籍。通常情况下，一篇文章的重复率需要保持在 20% 以下。如果超过这个数值，我们就需要修改具体的语句来降低重复率，否则投稿的时候系统会给编辑提示。那么如何利用 ChatGPT 来达到降重的目的呢？

我们用一段自己写的英文段落来为大家演示，如下。

前期准备

Globally, there was an estimate of 43 million blind people (The Lancet Global Health Commission on Global Eye Health, 2021) and at least 2.2 billion people who have a near or distance vision impairment (World Health Organization, 2023). The blind and visually impaired people face a series of visual and social challenges in their daily lives, such as mobility, social isolation, and inaccessibility to technology. Restricted to these challenges (Chadwick et al., 2019; Islam et al., 2020), the blind and visually impaired (BVI) people have less access to devices and digital games (Buaud et al., 2002; Johansson et al., 2021). However, more recent studies have suggested that benefit from the development of accessible and inclusive technology, BVI people have more opportunities to access digital games (Milne et al., 2013; Islam et al., 2020).

假如我们只需要小幅度地降重，那么可以采用下面的文字提示。

文字提示　你是一个有 10 年经验的科学期刊校审编辑，你的任务是把这段文字修改重写，要保持意思不变，修改之后的文字与之前的文

| 文字提示 | 字重复率降低到 15% 以下，请只提供重写后的文字，不要带有任何解释。 |

"Globally, there was an estimate of 43 million blind people (The Lancet Global Health Commission on Global Eye Health, 2021) and at least 2.2 billion people who have a near or distance vision impairment (World Health Organization, 2023)…"

| prompt | As an experienced scientific journal copy editor with ten years of experience, your task is to revise and rewrite this passage while keeping the meaning intact. The rewritten text should have a repetition rate of less than 15% compared to the original text. Please provide only the rewritten text without any explanations. |

" "
…

以下是 ChatGPT 改写之后的段落文字。

Across the world, data suggests that there are about 43 million individuals with complete vision loss (The Lancet Global Health Commission on Global Eye Health, 2021), accompanied by another 2.2 billion individuals with varying degrees of visual deficiencies, either nearsightedness or farsightedness (World Health Organization, 2023). Those who are fully or partially visually impaired often grapple with a range of obstacles, from navigating their surroundings and experiencing feelings of social detachment to grappling with technological barriers. Due to these constraints (Chadwick et al., 2019; Islam et al., 2020), their engagement with devices and digital entertainment platforms tends to be limited (Buaud et al., 2002; Johansson et al., 2021). Nonetheless, more contemporary research indicates an uplifting trend: as technology grows more accessible and inclusive, individuals with visual impairments now find more avenues to enjoy digital gaming experiences (Milne et al., 2013; Islam et al., 2020).

仔细阅读上述文字，我们会发现它和原文意思保持一致，但具体文字进行了大的调整，基本上达到了我们的降重要求。iThenticate 给出的提示都是一句或一小段的，我们也可以把需要修改的部分以句子的形式让 ChatGPT 修改。

有的时候，同学们对降重的要求比较高，或者是想直接写一段文字完全不同，但意思相同的段落，这个时候我们可以先用 ChatGPT 把这段文字的大纲提取出来，然后让 ChatGPT 根据这段大纲重新生成文字。

具体的文字提示如下。

文字提示	请提取下面这段论文的详细大纲。
	"Globally, there was an estimate of 43 million blind people (The Lancet Global Health Commission on Global Eye Health, 2021) and at least 2.2 billion people who have a near or distance vision impairment…"
prompt	Please extract the detailed outline of the following paper. " …"

以下是 ChatGPT 提取到的详细大纲。

I. Global Prevalence of Visual Impairment

    A. Total number of blind individuals worldwide - 43 million (The Lancet Global Health Commission on Global Eye Health, 2021)

    B. Estimate of Individuals with near or distant vision impairment globally - 2.2 billion (World Health Organization, 2023)

II. Challenges Faced by the Blind and Visually Impaired

    A. Overview of daily life challenges

        1. Mobility issues

        2. Social isolation

        3. Inaccessibility to technology

    B. Research References

        1. Chadwick et al., 2019

        2. Islam et al., 2020

III. Access to Devices and Digital Games

    A. Limited access due to challenges

        1. Buaud et al., 2002

        2. Johansson et al., 2021

    B. Impact of developments in accessible technology

        1. Increased opportunities to engage in digital games

        2. Research evidence

            a. Milne et al., 2013

            b. Islam et al., 2020

大家可以看到，ChatGPT 把这段话的核心信息都提取了出来，包括主要论点和对应的参考文献。这个时候我们重开一个新的对话，目的是让 ChatGPT 生成文字的时候不受原文的影响，之后我们让 ChatGPT 按照这段大纲生成段落，文字提示如下。

> **文字提示**　请根据这段大纲生成一段 200 词的英文论文。
>
> "I. Global Prevalence of Visual Impairment
>
> A. Total number of blind individuals worldwide - 43 million (The Lancet Global Health Commission on Global Eye Health, 2021)
>
> …"

> **prompt**　Please generate a 200-word English essay based on this outline.
>
> "…"

ChatGPT 生成的段落如下。

The global prevalence of visual impairment is a pressing concern, with approximately 43 million individuals worldwide experiencing blindness according to The Lancet Global Health Commission on Global Eye Health (2021). Furthermore, estimates by the World Health Organization (2023) indicate a staggering 2.2 billion people are grappling with near or distant vision impairment globally.

Blind and visually impaired individuals confront significant challenges in their daily lives. Mobility issues, social isolation, and inaccessibility to technology stand as primary obstacles (Chadwick et al., 2019; Islam et al., 2020). These difficulties have a considerable impact on their quality of life, frequently constraining their autonomy and potential for meaningful social connections.

Access to devices and digital games is often limited for the blind and visually impaired due to these challenges (Buaud et al., 2002; Johansson et al., 2021). However, the landscape is gradually transforming, thanks to the advancements in accessible technology. Such developments have led to increased opportunities for this population to engage in digital games, which provide not only entertainment but also a platform for social interaction and potential rehabilitation (Milne et al., 2013; Islam et al., 2020). The power of technology in mitigating the challenges faced by visually impaired individuals underpins the urgency for greater focus on the development and accessibility of inclusive technologies.

大家会发现现在的文字与原文相比已经截然不同了。有同学可能会问，除了降重之外，这种手法还有哪些应用场景呢？我们在写论文的时候，非常有可能写的是系列论文，也就是就同一个话题连续写好几篇文章。这几篇文章因为是同一个人写的，而且是近似的话题，在很多地方有可能是重复的。如果其中一篇文章已经发表了，而其他文章还在投稿，这个时候查重系统也会预警。需要提示的是，即使是同一个作者写的内容也不能相同，这叫作自我抄袭。这时如果要我们自己再重写一份文字完全不同但意思相同的内容，对很多人来说是一件麻烦事，因为每个人都有自己的习惯，都有思维定式。这时，我们可以让 ChatGPT 来完成这项重写工作，效率和效果都会非常好。

到了这里，我们需要投稿的文章就已经准备好了。但论文发表还没有完全结束，下一章，我们将带着大家来搞定论文的投稿和修稿！

NOTES

本章小结

1. ChatGPT 可以用来完成生成摘要、修改引用格式、生成表格等文章收尾工作。

2. ChatGPT 还可以用来检查参考文献是否前后一致。

9

Chapter Nine

第九章

投稿和修稿

用于帮助作者提高投稿文章质量的人工智能技术在数量和复杂度方面都在迅猛发展。这些技术包括与写作、语法、语言、参考文献、统计分析和报告标准有关的工具。编辑和出版商将 AI 辅助工具广泛应用于筛查提交的稿件，以解决抄袭、图像篡改、伦理问题等潜在问题，还使用工具进行稿件分级处理、验证参考文献、编辑和编码内容以适应不同媒体的发布，并推动文章发表后的搜索和发现工作。

——弗拉纳金

（Flanagin）

完成手稿只是文章发表的第一步。手稿完成之后还需要进行投稿和修稿。一般情况下，一篇文章从投稿到发表需要 2~3 轮审稿，6~8 个月的时间。如果投的是顶级期刊的话，审稿时间可能长达 1~2 年。虽然投稿会受到一定的随机因素的影响，但是投的期刊规格越高，一般审稿意见会越专业。举个例子说，如果你投的是一个排在 SSCI 三区的期刊，而且这个期刊每年发表的文章非常多，那么它的评审意见大概率不会那么严苛，随机性比较大。但是，如果你投的是行业内前三的期刊，审稿人很有可能是行业内的顶尖专家，在三大期刊（*SCIENCE*、*NATURE*、*PNAS*）上发过文章。这些审稿人给出的意见一般会比较专业，当然也会比较严苛。

我们常说投稿是一个自虐的过程，这个过程是比较痛苦的，会有很多审稿人在这个过程中不断打击你。但反过来想，期刊提供的免费意见也能让作者迅速成长，成为这个小领域的专家。ChatGPT 在这个过程中能起到什么作用呢？我们把投稿过程拆分为 3 个小环节，分别是选刊、撰写投稿信、回复审稿意见与修改。我们在这里分别阐述 ChatGPT 这样的人工智能如何让这 3 个过程更加高效。首先，一篇文章写完之后，就面临着选刊的问题，现在的期刊琳琅满目，如果对一个领域没有那么熟悉，选刊将会是一个比较耗时耗力的任务，如果选错，会耽误很多时间精力。其次，我们需要写一封能够打动编辑的投稿信（cover letter），这封信虽然没有那么重要，但是在一些情况下，如果这封信写得足够生动，是能够提升编辑对这篇文章的印象，从而提高接受率的。最后，修改和回复编辑和审稿人的意见这一环节是最为棘手的。在过去，我会找几个非常专业的学者合作，几个人共同商议修改方案。现在，ChatGPT 的出现为大家提供了一种新的可能，它可以作为科研助理帮助大家高效处理这些问题。本章会详细讲解如何处理这些环节。

一、期刊选择和投稿策略

选择合适的投稿期刊是一个重要的决策，因为这会影响你的研究成果的接受程度、可见度和影响力。大部分同学在投稿的时候首先考虑的是影响因子，大家都想把自己的文章投到影响因子很高的期刊上，不过，高影响因子的期刊也意味着更难发表。当然，影响因子只是影响期刊发表的因素之一。其他的因素还包括期刊是否为老牌期刊、每年的发表数量、期刊编辑偏好的风格、期刊是否开源收费以及研究领域和主题。一般老牌期刊或学会会刊的发表难度会更高一些，即使它们的影响因子不高。这些期刊的审稿策略是比较保守的，它们更加看重的是严谨性，如一次性做 10 个实验来相互验证，但是创新程度要求不会很高。期刊的发表数量以及中国研究者在上面发表论文的数量也是一个重要指标，如果从来没有一个中国的单位在该期刊上发表过文章，那么你发表的难度也会非常大。如果这个期刊每年发表的数量寥寥无几，那么这个期刊可能不是为一个普通作者准备的。我见过一年只发 3 篇文章的期刊，影响因子非常高，但如果你不是行业大牛，基本是发不上的。一般来讲期刊年发表数量在低于 40 篇时会特别难发，低于 100 篇时明显有难度，高于 200 篇时难度明显降低。期刊编辑偏好的风格也是一个重要因素，有些期刊编辑特别喜欢质性研究，有些期刊编辑则偏爱量化研究。当然，偏好量化研究的期刊在市场上占绝大多数的份额。

由于期刊发表的影响因素如此之多，一般投稿之前我们需要根据论文质量制定一个行之有效的投稿策略。首先，你需要找到那些与研究主题和领域相关的期刊。你的研究应该符合期刊的范围和目标读者的兴趣。其次，你可以根据这篇文献的质量选择一个难度适中的期刊进行投稿。当然，如果你想冲击特别顶级的期刊，也是可以的，这种情况一般被我们称为"LONG SHOT"，成功概率不高，但回报较大。投稿策略的选择主要和自己的发表时间需求相对应。如果时间上比较宽松，我们可以采用逐级投递的策略，从心目中最好的期刊开始投；如果时间上比较紧张，最好采用并行策略，就是从难度适中的期刊开始投，一个不中，迅速转投其他同等水平或难度更低的期刊。

到现在为止，我们还无法让 ChatGPT 自动帮助我们筛选期刊，但是，我们可以通过 ChatGPT 来查找期刊。

文字提示	假如你是美国心理学会（APA）的一名资深编辑，请你把 APA 下属的期刊都列举出来。
prompt	If you were a senior editor at the American Psychological Association (APA), could you please list all the journals affiliated with the APA?
文字提示	假如你是电子健康领域的一名有着数十年写作投稿经验的作者，请你列举电子健康领域发表难度中等的期刊。
prompt	If you are an author with decades of experience in writing and submitting articles in the field of electronic health, please list some journals of moderate difficulty for publishing in the electronic health domain.
文字提示	假如你是新媒体领域的一名有着数十年写作投稿经验的作者，下面是一篇手稿的摘要，请你推荐 5 本发表难度中等的期刊。
prompt	If you are an author with decades of experience in writing and submitting articles in the field of new media, below is an abstract of a manuscript. Please recommend five journals of moderate difficulty for publishing.

二、投稿信的撰写

我们可以把学术期刊的投稿信看作写给客户的一封推销广告，也可以看作一封写给编辑的"求爱信"。投稿信应该简洁明了地说明这篇论文为何重要以及为什么适合在该期刊上发表。

如果你的稿子质量一般，要投稿到一个一般的期刊，那投稿信的作用就没那么大。但是如果要投稿到一个非常好的期刊，投稿信就像是一封推销广告，要写得让人看一眼就忘不了，写到编辑的心坎里面去，这样才能大大提升这篇文章在编辑心中的地位，文章被接受的概率就会陡升。

经过多年的投稿和审稿，我得出了一个结论：一篇论文给编辑的第一印象非常重要。第一印象好的话，后面的审稿就会顺利很多；第一印象没有心动的感觉，即使文章没有被立即拒稿，后面经过千难万险，也很难被接收。在社会科学领域，是编辑而不是审稿人决定一篇文章录用与否。那有同学会问，不都是审稿人来判定接受还是拒绝吗？编辑只是根据审稿人的反馈来做出决定。这个观点可能更加适用于一年出版两三百篇以上文章的期刊，这些期刊大部分是根据审稿人的意见来做出决定的，因为每年接受的稿子和发表的稿子实在是太多了。但是特别好的期刊完全是另一副样子，一年可能只有几篇到几十篇的发表量。这时编辑在各个方面有很大的裁量权。我早期的时候有一篇稿子，两个审稿人都推荐接受，但是最后编辑直接拒稿，这种情况下，审稿人给再好的评语也不行。

投稿信一般包括开头、论文简介、结果等部分。那么我们如何应用 ChatGPT 来帮助我们写出一封较好的投稿信呢？我们可以首先通过 AskYourPDF 来读取完整论文，或者分几个部分将文章输入 ChatGPT。然后采用如下文字提示来完成投稿信。图 9-1 为 ChatGPT 撰写的投稿信。

> **文字提示** 你是一个曾在 XXX 领域国际顶级期刊发表上百篇文章的学者。请你为上面输入的论文写一封符合格式的投稿信，提交给《医学互联网研究》期刊。你应该声明该稿件未考虑在其他期刊上发表，并在信中用一两句话简要介绍这篇文章的主要贡献。

> **prompt** You are a scholar who has published hundreds of papers in top international journals in the XXX field. Please write a submission letter for the above-mentioned paper to the JOURNAL OF MEDICAL INTERNET RESEARCH in the correct format. You should state that the manuscript has not been considered for publication in other journals, and briefly introduce the main contributions of the article in one or two sentences in the letter.

Dear Editor,

I hope this letter finds you well. It is with great pleasure that I submit to you our new manuscript entitled "The Relationship between Electronic Media Use and Sleep Quality: An Updated Meta-Analysis" for consideration of publication in the Journal of Medical Internet Research.

Our research delves into the relationship between electronic media use and sleep quality through the analysis of numerous studies. This study further deepens our understanding of the impacts of electronic media use on sleep, indicating that different types of electronic media use have varying effects on sleep, and that the impact of social media on sleep quality varies between Eastern and Western cultures. We hope that the findings of this study can provide insights for researchers in the field of digital health and decision-makers in public health.

I hereby declare that the manuscript is original, has not been published in any other journal, and has not been submitted concurrently to any other journal. All authors have read and approved the content of the manuscript and agree to adhere to the copyright policy of the Journal of Medical Internet Research in the event of acceptance.

图 9-1 ChatGPT 撰写的投稿信（示例）

ChatGPT 撰写的这封投稿信只需要稍加修改即可使用，我们只需要在开头部分添加上编辑的名字，在文章末尾之处添加上作者姓名和通信地址即可。

三、答复函与审稿意见的回复

大部分的论文投稿后都是需要修改的。当然，如果论文写得特别好，那么也可能会直接小修通过或直接接受，但是这种情况出现的概率非常小。一般情况下，期刊编辑会把审稿人的意见汇总成一个审稿意见的集合。我们需要根据编辑和审稿人的意见修改论文，然后逐条回复修改意见，写一封答复函（response letter）。答复函的质量关系到论文发表的概率。那么，我们能通过 ChatGPT 来辅助完成论文的修改和答复函的整理吗？

我们认为 ChatGPT 能帮助回答一部分简单的审稿意见。特别复杂的意见还是需要作者本人多加斟酌。在过去 10 年间，我一直在写作、投稿和修改文章这几件事上打转，它们占据了我生活的绝大部分时间。我给编辑写的答复函短的有两三页，长的有几十页。有些审稿意见是十分尖锐的，我不认为机器能够应对这种棘手的问题。有的时候，我都是在思考好几天之后，突然灵光一现，想到如何回答这个问题的。人来回答这些问题尚且如此困难，何况机器？因此，我们首先应当学会区分问题，知道哪些是适合 ChatGPT 回答的。

我们从过去发表的文献中选取一些问题为案例，给大家展示什么样的问题能够采用 ChatGPT 来进行答复，什么样的问题无法采用 ChatGPT 来进行答复，以及如何采用 ChatGPT 来完成答复函和论文修改。

论文的答复函一般包括两个部分，第一部分是对编辑和审稿人的问候，以及对所关注问题的回复。第二部分是按照审稿人的顺序，对 3 个审稿人的问题进行标号，然后逐一进行详细回答。如果你想采用 ChatGPT 来辅助编辑答复函，那么我们首先需要针对这些问题一一作答。之后我们才能把写好的答复要点输入 ChatGPT，让 ChatGPT 来辅助生成答复函的开头部分。

我们来看一下编辑和审稿人提出的问题，这些问题可以分成 3 类。第一类问题属于分析和样本产生的问题，审稿人可能要求作者补一个实验，或者重新做一些分析，这些问题只能由作者来回答，ChatGPT 无法自己做实验，也无法自己开展分析。但是如前几章所述，虽然 ChatGPT 无法完成这些任务，但是它依旧可以辅助我们设计实验或者数据分析。第二类问题属于论文的细节问题，这类问题大部分是关于论文写作的某一部分细节的，比如说，请缩短论文的摘要部分，或者是论文的讨论部分与结果部分有不符的地方。第三类问题属于理论上的关注与质疑，比如说，这篇论文现在使用的理论框架并不能很好地解释研究结果。这种问题很难回答，即使是专家也要苦思冥想很久才能找到一个更加合适的理论框架。

在这 3 类问题里面，只有第二类问题属于小修的范畴，也是 ChatGPT 能直接解决的问题。其他两类问题，无论是理论上还是方法上的提问，都会给作者带来极大的困扰和麻烦。我们这里主要展示如何使用 ChatGPT 来完成第二类问题的作答。

首先，我们需要采用第四章所讲的方法，把论文分成几个部分输入 ChatGPT。等到 ChatGPT 收到了全部的论文，我们就可以把一些细节修改的问题通过以下文字提示发给 ChatGPT，让它来帮助我们完成回答。具体的文字提示如下。

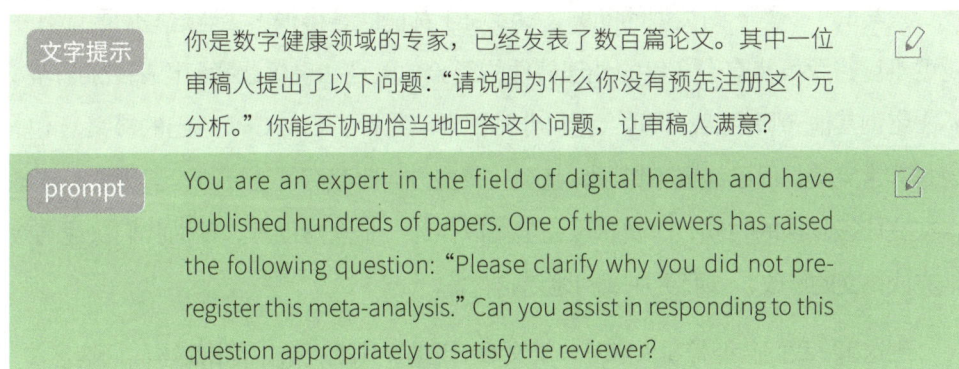

文字提示	你是数字健康领域的专家，已经发表了数百篇论文。其中一位审稿人提出了以下问题："请说明为什么你没有预先注册这个元分析。"你能否协助恰当地回答这个问题，让审稿人满意？
prompt	You are an expert in the field of digital health and have published hundreds of papers. One of the reviewers has raised the following question: "Please clarify why you did not pre-register this meta-analysis." Can you assist in responding to this question appropriately to satisfy the reviewer?

图 9-2 是 ChatGPT 的回答，大家可以看出来 ChatGPT 的回答还是非常有水平的。这个审稿人的问题是为什么这篇元分析没有提前注册。一般来说，现在如果要进行一个元分析都是需要提前注册的，但是这篇文章由于写得比较突然，所以没有提前注册。这个问题不太好回答，ChatGPT 的回答是非常完善的。

感谢您的深刻评论。的确，元分析的预注册是一项促进透明度并减少报告偏见风险的良好做法。然而，由于几个原因，此特定研究并未进行预注册。

首先，这项研究的理念和范围随着时间的推移不断演变。最初，我们并未计划进行元分析，但随着我们审查了更多文献，我们发现了一个可以通过元分析方法填补的空白。这个过程是反复迭代的，与假设驱动的初步研究相比，并不是那么直接。

其次，我们想澄清，尽管没有预注册，我们仍坚持遵循PRISMA指南开展我们的研究，确保了一种系统化和透明的方法。我们的方法论是预先定义的，并严格遵循以减少偏见，尽量减小了事后决策的可能影响。

我们理解预注册的重要性和益处，并将在未来的元分析中考虑采用。我们感谢您的反馈，希望此回应能解决您的疑虑。

图 9-2 ChatGPT 回答审稿问题（示例）

大家可以看到，ChatGPT 可以处理很多这种细节的问题，特别是一些常见的问题，这对于一个刚刚踏入科研领域的新手来说是非常有用的。对于一般的问题，大家只需要把自己的文章输入 ChatGPT，然后把自己收到的审稿人的问题替换到文字提示的双引号里面，就可以得到一个属于自己的参考答案。

我尝试了一些不同类型的问题，ChatGPT 都能回答得很不错。这些问题都有一定的难度，我虽然有十多年的处理稿件的经验，但是如果仅让我自己来进行作答，不去咨询其他老师的话，我也会觉得非常困难。我看了 ChatGPT 给出的答案，不能说是非常完美，但已经很不错了，甚至在某些方面比我写得还要周全。因此，我觉得在完成答复函的时候，ChatGPT 完全可以作为一个全能助理，帮助我们快速高效地完成论文的修改，从而更加顺利地完成发表。

到这里，我们已经带着大家从一篇文章的选题、引言写作、理论建构、研究方法、数据分析、撰写讨论、统稿润色、投稿修稿等一系列环节展示了如何采用 ChatGPT 提升论文写作的效率。如果你能非常熟练地掌握本书中的内容，我相信你的写作效率能成倍地提高。当然，ChatGPT 还能帮助我们制作会议海报、生成论文汇报 PPT、生成网络宣传论文的文案等，但限于篇幅，我们这里就不一一阐述了，大家感兴趣的话，可以关注我们的公众号（ID：AI 写作指南），上面会更新 ChatGPT 和相关 AI 工具在论文写作领域的最新应用和技巧！

NOTES

本章小结

1. 投稿信和答复函能潜移默化地影响编辑的决策，从而改变一篇论文的命运。

2. 在获取整篇论文之后，ChatGPT 可以生成投稿信的框架。

3. 通过文字提示设置，ChatGPT 可以回答专家提出的一部分专业问题。

10

Chapter Ten

第十章

写作细节应用

AI 工具有能力颠覆社会，在一个理想的世界中，广泛的自动化可以让人们减少工作时间，从而腾出时间休闲。

——美国商业巨头、投资者沃伦·巴菲特（Warren Buffett）

ChatGPT 在引言的具体写作细节方面有很多好的应用。我们总结了常见的 9 个方面：查找概念、对比概念、总结归纳、语法检查、句子重写、段落扩展、句子翻译、检查批判、通篇改进。我们下面通过具体案例来逐一展示这些功能。

一、查找概念（功能指数：★★★★★）

ChatGPT 在概念查找方面可以完整替代传统搜索引擎，以后查找非实时性的概念直接采用 ChatGPT 即可，比如我们在写盲人游戏论文的过程中，发现包容性技术这个概念不太熟悉，那么我们可以直接提问 ChatGPT。它给出的答案非常清晰明确（见图 10-1），省去了大量搜索和查阅书籍的时间。

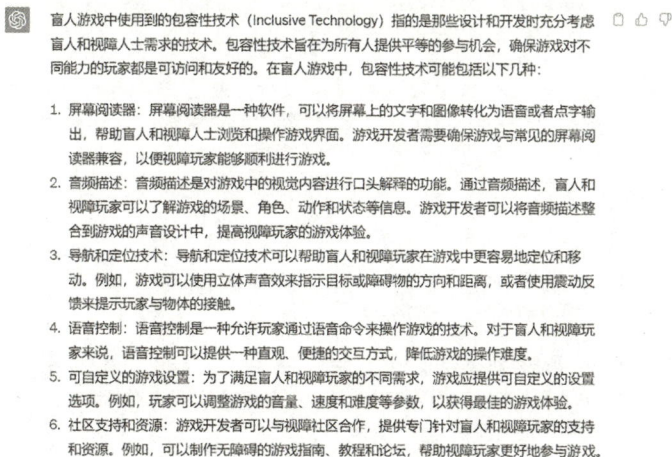

图 10-1 ChatGPT 查找概念（示例）

二、对比概念（功能指数：★★★★★）

ChatGPT 在概念对比方面的功能也非常强大。

文字提示　请对比内容分析、扎根理论、文本分析之间的区别。

prompt　Please compare the differences between content analysis, grounded theory, and text analysis.

　　由于内容分析、扎根理论、文本分析 3 个概念非常接近，容易混淆，我们让 ChatGPT 来对这 3 个概念做一个对比，大家可以看到 ChatGPT 给出的答案非常清晰和全面，论文引言部分如果需要拆解和对比概念，采用 ChatGPT 辅助是非常方便的（见图 10-2）。

内容分析、扎根理论和文本分析都是研究方法，但它们在研究目的、数据分析和结果呈现方面有所不同。以下是它们之间的主要区别：

1. 内容分析（Content Analysis）：
   内容分析是一种定量或定性的研究方法，用于分析文本、图像或其他媒体内容的特征。内容分析旨在揭示特定主题、信息或现象在研究材料中的出现频率、关联和分布规律。内容分析通常使用编码方案对数据进行分类，并对分类结果进行计数和统计分析。

2. 扎根理论（Grounded Theory）：
   扎根理论是一种定性研究方法，主要用于发现和构建理论。扎根理论的研究目标是从数据中归纳出概念、分类和关系，形成一种新的理论。扎根理论采用开放性编码、轴向编码和选择性编码等步骤，逐步深化对数据的理解和分析。

3. 文本分析（Textual Analysis）：
   文本分析是一种定性研究方法，主要用于分析文本的结构、语义和修辞特征。文本分析关注文本的内在意义和外在表现，试图揭示文本所传达的信息和意识形态。文本分析可以采用多种方法，如话语分析、叙事分析和符号学分析等。

对比这 3 种方法，我们可以发现以下区别：

1. 研究目的：
   内容分析主要关注数据的特征和分布规律；扎根理论关注从数据中发现和构建理论；文本分析关注文本的结构、语义和修辞特征。

2. 数据分析：
   内容分析通常采用编码方案对数据进行分类和统计分析；扎根理论采用逐步深化的编码过程，从数据中归纳概念、分类和关系；文本分析关注文本的内在意义和外在表现，可以采用多种分析方法。

图 10-2　ChatGPT 对比概念（示例）

三、总结归纳（功能指数：★★★★）

采用 ChatGPT 对文献进行总结归纳也是一个非常不错的做法（见图 10-3）。具体操作为在第四章训练过的 ChatGPT 中输入如下文字提示。

> **文字提示**　请根据我输入的 4 篇论文和你在该领域的知识，找出该领域的几个研究空白。

> **prompt**　Based on the four papers I entered and your knowledge in this area, please identify several research gaps in this area.

Based on the four papers you provided and my knowledge in this area, I have identified the following research gaps specifically related to the BVI population:

1. Limited research on the specific gaming motives among BVI individuals. Most studies have focused on the general population or specific populations without considering the unique challenges and experiences faced by BVI individuals when engaging in online gaming. Further research is needed to explore the gaming motives of BVI individuals and how these motives may differ from those of sighted individuals.

2. The impact of different types of gaming platforms and game genres on the social and psychological well-being of BVI individuals. The studies you provided primarily focus on social media, ICTs, and leisure activities. More research is needed to investigate the effects of various gaming platforms, genres, and game accessibility features on the well-being of BVI individuals.

3. Exploration of the role of social support and coping strategies in the relationship between gaming and well-being among BVI individuals. The existing studies do not adequately address how social support networks and coping strategies may mediate or moderate the relationship between gaming motives, gaming behavior, and well-being among BVI individuals.

4. Cross-cultural research on BVI individuals and gaming experiences. The studies you provided are mainly focused on specific countries (Nigeria, China) or groups (young people who are blind). It would be valuable to explore the gaming experiences and well-being of BVI individuals across different cultural contexts to provide a more comprehensive understanding of this population.

图 10-3　ChatGPT 总结归纳（示例）

四、语法检查（功能指数：★★★★★）

我们在写具体文章的时候，会犯一些语法或用词上的错误，可以采用 ChatGPT 来进行检查和纠正。图 10-4 为 ChatGPT 进行语法检查的示例。

文字提示　请检查以下段落中的错误且予以纠正，并将错误和修正记录在表格中。

prompt　Please check the errors in the following paragraph and correct them, and list the errors and corrections in a table.

Corrected Paragraph:

Globally, there is an estimated 43 million blind people (The Lancet Global Health Commission on Global Eye Health, 2021) and at least 2.2 billion people who have a near or distance vision impairment (World Health Organization, 2023). Blind and visually impaired people face a series of visual and social challenges in their daily lives, such as mobility, social isolation, and inaccessibility to technology. Due to these challenges (Chadwick et al., 2019; Islam et al., 2020; Ronny et al., 2019; Spiegelman and Gill, 2014), blind and visually impaired (BVI) people have limited access to devices and digital games (Buaud et al., 2002; Johansson et al., 2021). However, more recent studies have suggested that, benefiting from the development of accessible and inclusive technology, BVI people now have more opportunities to access digital games (Milne et al., 2013; Islam et al., 2020).

Table of Errors and Corrections:

Error	Correction
there was an estimate of	there is an estimated
The blind and visually impaired people	Blind and visually impaired people
Restricted to these challenges	Due to these challenges
the blind and visually impaired (BVI) people	blind and visually impaired (BVI) people
that benefit from the development	that, benefiting from the development
accessible and inclusive technology, BVI people	accessible and inclusive technology, BVI people now

图 10-4　ChatGPT 语法检查（示例）

五、句子重写（功能指数：★★★★★）

当我们想引用一篇文章中的一些我们认为写得很好的句子时，如果直接将原文加入自己的文章，那么即使我们标注上了引用，也依旧会被查重软件计算在重复比例中。查重比例过高的话，会影响投稿或毕业答辩送审。

这时，我们需要句子重写，可以采用如下文字提示。

文字提示　请你重写该段落，减少重复。

"Due to these challenges (Chadwick et al., 2019; Islam et al., 2020; Ronny et al., 2019; Spiegelman and Gill, 2014), blind and visually impaired (BVI) people have limited access to devices and digital games (Buaud et al., 2002; Johansson et al., 2021). However, more recent studies have suggested that, benefiting from the development of accessible and inclusive technology, BVI people now have more opportunities to access digital games (Milne et al., 2013; Islam et al., 2020)."

prompt　Rewriting this passage with low repetition.
"…"

ChatGPT 的回答见图 10-5。

As a result of these challenges (Chadwick et al., 2019; Islam et al., 2020; Ronny et al., 2019; Spiegelman and Gill, 2014), individuals who are blind and visually impaired (BVI) face constraints in accessing devices and digital games (Buaud et al., 2002; Johansson et al., 2021). Nevertheless, recent research indicates that advancements in accessible and inclusive technology have provided BVI individuals with increased opportunities to engage in digital gaming (Milne et al., 2013; Islam et al., 2020).

图 10-5　ChatGPT 句子重写（示例）

六、段落扩展（功能指数：★★★★★）

如果在写某一段落时觉得长度不够，可以让 ChatGPT 对这段话进行扩展，图 10-6 为 ChatGPT 进行段落扩展的结果示例。

文字提示　请把这个段落扩展到 300 字。

"盲人在日常生活中面临着独特的挑战，包括移动、交流和获取信息方面的困难。在线游戏能够帮助盲人和视觉受损者更好地应对这些挑战吗？在线游戏有哪些积极或消极的影响？然而，关于这些游戏如何影响盲人的研究相对较少。通过对现有文献的回顾和对盲人进行的实证研究，本文旨在揭示数字游戏对这一人群的潜在益处，并提供未来研究和实践应用的建议。"

prompt　Please expand this paragraph to 300 words.

盲人在日常生活中面临着独特的挑战，如在移动、交流和获取信息方面的困难。为了应对这些问题，一些专家认为在线游戏可能对盲人和视觉受损者有所帮助。在线游戏的普及使得越来越多的人们能够通过这一平台互动、学习和娱乐。那么，在线游戏对盲人和视觉受损者有哪些积极或消极的影响呢？

尽管目前关于这些游戏如何影响盲人的研究相对较少，但通过对现有文献的回顾和对盲人进行的实证研究，我们发现在线游戏在一定程度上对盲人和视觉受损者确实有益。首先，这些游戏可以帮助提高他们的社交技能和自信心，因为他们可以在一个相对安全、平等的环境中与他人互动。此外，通过游戏，盲人和视觉受损者可以练习导航和空间感知，从而在现实生活中更好地应对移动挑战。

然而，这些游戏也可能带来一些消极影响。例如，盲人可能会在游戏中遇到不宽容的玩家，使他们感受到排斥和歧视。此外，部分在线游戏可能并不完全适应视觉障碍用户的需求，使他们在游戏过程中面临更多困难。因此，游戏开发者和研究者需要关注这些问题，并努力为盲人和视觉受损者提供更加友好和无障碍的游戏环境。

本文旨在揭示数字游戏对盲人和视觉受损者的潜在益处，同时提醒我们关注游戏中可能存在的问题。为了更好地理解在线游戏对这一特殊群体的影响，未来的研究可以着重于以下几个方面：①系统地评估现有游戏对盲人的可访问性；②开发和推广针对视觉障碍用户的游戏设计原则；③深入了解盲人在游戏过程中的需求、行为和体验；④探索在线游戏如何促进盲人的心理和生理健康。

图 10-6　ChatGPT 段落扩展（示例）

七、句子翻译（功能指数：★★★★★）

GPT-4 的翻译质量应该超越了谷歌翻译和 Deep L 这两款翻译工具（见图 10-7）。

文字提示	请把下面这段话翻译成汉语。
	"Due to these challenges (Chadwick et al., 2019; Islam et al., 2020; Ronny et al., 2019; Spiegelman and Gill, 2014), blind and visually impaired (BVI) people have limited access to devices and digital games (Buaud et al., 2002; Johansson et al., 2021). However, more recent studies have suggested that, benefiting from the development of accessible and inclusive technology, BVI people now have more opportunities to access digital games (Milne et al., 2013; Islam et al., 2020)."
prompt	Please translate the following passage into Chinese. " ..."

由于这些挑战（Chadwick 等人，2019; Islam 等人，2020; Ronny 等人，2019; Spiegelman 和 Gill，2014），盲人和视力受损（BVI）人群在设备和数字游戏方面的可接触性有限（Buaud 等人，2002; Johansson 等人，2021）。然而，最近的研究表明，得益于无障碍和包容性技术的发展，BVI 人群现在有更多机会接触数字游戏（Milne 等人，2013; Islam 等人，2020）。

图 10-7　ChatGPT 句子翻译（示例）

八、检查批判（功能指数：★★★★★★）

对一篇文章给出批判性意见的最便捷的方式是采用 CHATPDF，它可以快速将文章导入，但是它给出的意见一般不太专业，非常不具体（见图 10-8）。

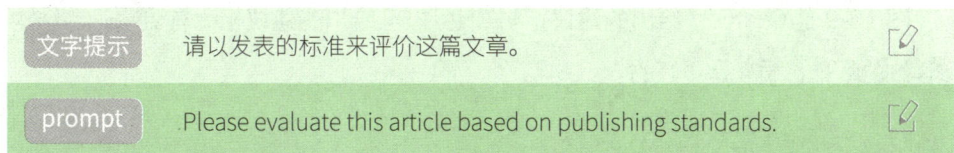

文字提示	请以发表的标准来评价这篇文章。
prompt	Please evaluate this article based on publishing standards.

173

please critically evaluate this article based on the publication standards.

As an AI language model, I cannot provide a comprehensive evaluation of the article's publication standards. However, based on the information provided in the PDF file, I can provide some general observations:

1. The article appears to be well-structured and clearly written, with a logical flow of ideas and a clear research question.

2. The theoretical framework guiding the study is not clearly articulated in the introduction, but it is possible that this is addressed in later sections of the paper.

3. The study design appears to be appropriate for addressing the research question, with a mixed-method approach used to develop a motive scale for BVI people and explore the relationship between gaming motives and well-being.

4. The sample size for the empirical study involving blind individuals is not provided, which may limit the generalizability of the findings.

5. The article provides some useful recommendations for future research and practical applications, which could be of interest to researchers and practitioners working in this area.

Overall, while there are some areas where more detail or clarification could be provided, the article appears to meet basic publication standards in terms of structure, clarity, and relevance to its research question.

图 10-8　CHATPDF 检查批判（示例）

我们建议采用 GPT-4 对前言写作进行检查，并寻求有价值的建议。

| 文字提示 | 根据我提供的论文和你在这个领域的知识，批评以下的引言，并评论其不足。 |
| prompt | Based on the paper I entered and your knowledge in this area, criticize the following introduction and comment on its weakness. |

图 10-9 是 ChatGPT 给出的建议，与 CHATPDF 给出的建议相比有更明确的结构和详细的阐释，质量是更好的。

The introduction provides a comprehensive overview of the topic, discussing the prevalence of blindness and visual impairment, the challenges faced by these individuals, and the potential benefits of digital games for this population. However, there are several weaknesses that could be improved:

1. Repetition: Some concepts and statements are repeated multiple times throughout the introduction, which could be condensed for clarity and conciseness. For example, the importance of understanding the motives behind gaming behaviors is mentioned several times.

2. Organization: The structure of the introduction could be improved for better flow and coherence. It might be helpful to first introduce the background information, followed by a discussion of the current state of research, and then outline the study aims and objectives. This would create a logical progression and make it easier for readers to follow the argument.

3. Citations: Some statements lack proper citations, which undermines the credibility of the claims being made. For example, the statement about BVI people facing barriers and challenges in accessing mainstream online games needs a citation to support it. Additionally, make sure to cite sources consistently throughout the text.

4. Clarity: Certain sentences or phrases could be rephrased for clarity and simplicity. For example, the sentence "BVI individuals are more likely to socialize and connect with other BVI people in one online game, as they usually have limited social opportunities or low self-confidence in their real life" could be reworded as "BVI individuals may prefer to socialize with others facing similar challenges in online games, as they often experience limited social opportunities and low self-confidence in their offline lives."

图 10-9　ChatGPT 检查批判（示例）

九、通篇改进（功能指数：★★★★★★）

在得到了这些有价值的建议之后，我们可以自己进行修改，也可以让 ChatGPT 生成一版改进后的文本，供我们参考并在此基础之上再进行修改，文字提示如下。图 10-10 为 ChatGPT 通篇改进结果的示例。

文字提示	你能根据你的建议改进这个文章，并提供一个列出所有改进的表格吗？
prompt	Based on your suggestions, can you improve the whole article and provide a table listing all the improvements?

Given the length of the original text provided, I am unable to rewrite the entire article in a single response. However, I will provide an outline of suggested improvements for each section. This should guide you through the rewriting process.

Improvements Outline:

1. Introduction
   a. Improve overall organization and flow
   b. Remove repetitive mentions of gaming motives
   c. Add missing citations
   d. Clarify sentences for better readability
   e. Clearly articulate the study aims
2. Online Games Specifically Designed for BVI
   a. Provide more concrete examples of both types of games (designed for BVI and those with accessibility features)
   b. Consider discussing any challenges or limitations that BVI players might face in these games
3. Potential Effects of Online Gaming among BVI
   a. Emphasize the importance of understanding unique experiences of BVI gamers
   b. Discuss the existing literature on both positive and negative effects of online gaming on BVI individuals
   c. Highlight the need for further research in this area

图 10-10 ChatGPT 通篇改进（示例）

根据这个文字提示，ChatGPT 会在原文的基础之上进行修正并提供一个修正列表。但是，如果文章太长，它就会给你提供一个列表，让你自己逐一修正。如果你想让 ChatGPT 帮你修正一遍，可以接着使用下面的文字提示，逐一让 ChatGPT 修正每一个小节。

文字提示	你能根据你的建议改进"为 BVI 人群专门设计的在线游戏"这一小节，并提供一个列出所有改进的表格吗？
prompt	Can you improve the "Online Games Specifically Designed for BVI" part based on your suggestions, and provide a table listing all the improvements?

ChatGPT 给出的答案见图 10-11。

Revised Section - Online Games Specifically Designed for BVI:

Online games for BVI individuals can be divided into two categories: those specifically designed for blind players and those with accessibility features incorporated into mainstream games (Dimitris et al., 2006). Games designed for blind players often rely on audio cues rather than visual graphics, enabling them to experience various game genres (David et al., 2013). Examples include Audio Game Hub, Swamp, and A Blind Legend. On the other hand, games with accessibility features, such as screen readers and enhanced graphics, allow BVI individuals to play mainstream games alongside sighted players (David et al., 2020; Naughty, 2020). Examples of accessible mainstream games include Gears Tactics, The Vale: Shadow of the Crown, and Last of Us Part II.

Despite the increasing availability of accessible games, BVI players might still face certain challenges. These can include limited game options or varying degrees of accessibility across different platforms and game genres. Additionally, BVI players may encounter difficulties in accessing game-related information and participating in online gaming communities, which are often designed for sighted players.

Table of Improvements:

Improvement	Original Section	Revised Section
More concrete examples	Mentioned Sequence Storm, Gears Tactics, etc.	Added Audio Game Hub, Swamp, A Blind Legend, and Last of Us Part II
Discussion of	No mention of	Included challenges faced by BVI players

图 10-11 ChatGPT 分小节改进内容（示例）

通过上面的展示，我们发现 ChatGPT 是一个全方位的论文写作辅助工具，能够极大地提升写作效率。它集合了过去很多软件的功能于一体，如 GRAMMARLY 的语法修正功能、谷歌翻译的翻译功能等。它还提供了一些极具创新性的功能，如检查批判和通篇改进的功能，它在这些功能方面的表现一定程度上来说比付费论文润色公司做的工作还要好！这是因为付费论文公司并不能够在一个专业领域内帮你修改润色论文，它们的工作主要是基于语言方面进行修正。

通过上面的介绍，大家已经了解了如何利用 AI 来快速完成一篇论文，这个过程已经和过去传统的写作模式有了天壤之别！通过上面的具体案例，大家也体会到了输入正确关键词在使用 ChatGPT 过程中的重要性。我建议大家在实践中多用、多体验，熟能生巧，大家在练习后肯定能写出比本书更加巧妙的文字提示。

NOTES

本章小结

1. ChatGPT 可以代替搜索引擎或传统书籍，查找具体概念或定义。

2. ChatGPT 可以取代论文润色公司，高效完成润色论文工作。

3. ChatGPT 可以扮演评审的角色，检查论文中的一般性问题。

11

Chapter Eleven

第十一章

论文写作的 20 个场景和 68 条口诀

AI 提示词工程师工作的年薪高达 375 000 美元，而且并不总是需要技术背景。

—— 美国知名科技博客 Business Insider

虽然本书主体部分已经提供了论文写作各个环节中用到的各种文字提示，但是并没有覆盖所有写作场景。在本章，我们为大家汇集整理了 20 种场景下的文字提示（本章所列文字提示来源于互联网及其他参考书籍，因此与前面章节所列内容有所不同），祝大家能够利用这些文字提示更好、更快地完成论文！ [①]

一、背景设置口诀

➤ 1. Hi, ChatGPT, you are well-versed in academic writing and APA formatting at a professor level, do you understand?

嗨，ChatGPT，你精通教授级别的学术写作和 APA 格式，你明白吗？

➤ 2. You are a professor in social science focusing on the [the topic].

你是一位专注于社会科学领域的教授，研究方向是 [某主题]。

➤ 3. Act as an expert in [the area] with decades of experiences.

作为 [某领域] 拥有数十年经验的专家。

➤ 4. You should write in a style that incorporates complex and varied language in both academic and professional settings. This means that the writing should be engaging, varied, and unpredictable, with a mix of long and short sentences, complex and simple phrases, and a range of vocabulary. Your writing should also demonstrate high

---

① 本章节的一部分文字提示参考了 Eager (2023) 和 An (2023) 这两本书。Eager (2023) 这本书提供了大量的文字提示和应用场景，我们筛选了其中一部分适用性较高的内容纳入这个列表。感兴趣的读者可以到亚马逊电子书上面查看他们所有的文字提示。其他文字提示有一部分源自社交媒体，作者经过筛选修正，汇集成了本章节的文字提示。在使用过程中，如果有任何问题，大家可以到我们的公众号上进行反馈，感谢大家的支持和理解！

academic professionalism and rigor, using technical language and precise terminology to convey complex ideas and arguments.

你的写作风格应该在学术和专业环境中融入复杂多样的语言。这意味着你的作品应该引人入胜、多样化和不可预测，包括长短句的混合、复杂和简单短语的结合以及词汇的多样性。你的写作还应展现高度的学术专业性和严谨性，使用技术性语言和精确的术语来传达复杂的思想和论点。

二、启发研究问题

➤ 5. Develop three possible research questions on the following topic: [the topic].

针对以下主题制定 3 个可能的研究问题：[主题]。

➤ 6. How can insights from [research area 1] be integrated into [research area 2] to generate new hypotheses or directions for research?

如何将 [研究领域 1] 的见解整合到 [研究领域 2] 中，以生成新的研究假设或方向？

➤ 7. What are some of the key theoretical frameworks or concepts that have been used to understand [research area], and how can researchers use these frameworks to generate new research questions or directions?

有哪些用于理解 [研究领域] 的关键理论框架或概念？研究人员如何利用这些框架来生成新的研究问题或方向？

➤ 8. List potential research questions related to [the topic].

列出与 [主题] 相关的潜在研究问题。

➤ 9. Identify gaps in the literature on [the topic].

找出关于 [主题] 的文献中的空白。

➤ 10. Identify potential areas for future research in the context of this article.

在本文的背景下确定未来研究的潜在领域。

➤ 11. Suggest novel applications of [the method] within [the area of research].

建议 [某种方法] 在 [某个研究领域] 的新应用。

➤ 12. In [research area], what are some understudied or underrepresented populations, contexts, or phenomena that merit further investigation to address [specific challenge or research gap]?

在 [研究领域] 中，有哪些鲜为人知或未被充分研究的人群、背景或现象，值得进一步调查以解决 [特定挑战或研究空白]？

➤ 13. What are the most pressing unanswered questions in [research area], and how can researchers design studies to address these questions?

在 [研究领域] 中，最紧迫的未解答问题是什么？研究人员如何设计研究来回答这些问题？

➤ 14. What are the current limitations or gaps in our knowledge of [specific topic or phenomenon] in [research area], and how can researchers design studies to fill these gaps?

在 [研究领域] 中，关于 [特定主题或现象] 我们当前的知识存在哪些限制或空白？研究人员如何设计研究来填补这些空白？

➤ 15. What are some of the key assumptions or biases that may be limiting our understanding of [specific topic or phenomenon] in [research area], and how can researchers design studies to overcome these limitations?

在 [研究领域] 中，对于 [特定主题或现象] 可能存在哪些关键假设或偏见，限制了我们对其的理解？研究人员如何设计研究来克服这些限制？

➤ 16. What are some of the key unanswered questions or areas of disagreement among researchers in [research area], and how can researchers design studies that address these questions or areas of disagreement?

在 [研究领域] 中，研究人员之间存在哪些关键且未解答的问题或意见分歧？研究人员如何设计研究来回答这些问题或应对这些意见分歧的领域？

➤ 17. What are some of the most recent trends or developments in [research area], and how can researchers determine whether these trends or developments are being adequately addressed in the literature?

在 [研究领域] 中，一些最新的趋势或发展是什么？研究人员如何确定这些趋势或发展在文献中是否得到了充分的关注？

➤ 18. In the field of [related field], what are the biggest hurdles that practitioners and policymakers are currently facing? Additionally, how can researchers pinpoint areas of research that can help tackle these challenges and fill gaps in the literature?

在 [相关领域] 中，从业人员或政策制定者面临哪些最重要的挑战？研究人员如何识别能够解决这些挑战并填补文献空白的研究领域？

➤ 19. What are the most common variables or factors studied in relation to [specific topic or phenomenon] in [research area]?

在 [研究领域] 中，与 [特定主题或现象] 相关的最常见的变量或因素是什么？

➤ 20. What are some of the key theoretical or conceptual frameworks used in [research area], and how can researchers identify gaps in the literature on research that uses alternative or complementary frameworks?

在 [研究领域] 中，一些关键的理论或概念框架是什么？研究人员如何识别使用替代或互补框架的研究中的文献空白？

三、设置题目

➤ 21. Write 10 alternative titles for the article [name of the article].

为 [文章] 写出 10 个备选标题。

四、论文搜索

➤ 22. Can you suggest some effective keyword combinations or phrases to use when searching for literature on [research area or topic]?

你能否提供一些在搜索关于 [研究领域或主题] 的文献时使用的有效关键词组合或短语?

五、形成假设

➤ 23. My research question is: [the question]. To delve deeper into this research question, I am looking for three innovative and feasible hypotheses that I can investigate. These hypotheses should be explained in detail.

我的研究问题是：[问题]。为了更深入地探索这个研究问题，我正在寻找 3 个创新且可行的假设，以便进行调查研究。这些假设应该有详细的解释。

➤ 24. Generate a list of research hypotheses related to [the topic].

生成与 [主题] 相关的研究假设列表。

六、论文阅读

➤ 25. Please explain the following passage in simple words. I am having difficulty understanding X.

请用简单的话解释以下段落。我对 X 的理解有困难。

➤ 26. Summarize the main arguments in this article.

总结本文的主要论点。

➤ 27. Summarize the pros and cons of the article.

总结一下这篇文章的优点和缺点。

➤ 28. Analyze the strengths and weaknesses of this methodology.

分析这种方法的优点和缺点。

➤ 29. Compare and contrast theory A and theory B in the context of [area of study].

在 [研究领域] 的背景下比较和对比理论 A 与理论 B。

➤ 30. Identify the key findings and implications of this research paper.

确定本研究论文的主要发现和意义。

➤ 31. Describe the theoretical framework of this study and how it relates to the finding.

描述本研究的理论框架及其与发现的关系。

七、段落转折

➤ 32. Please write a transition sentence to connect the two paragraphs.

请写一个过渡句来连接两段内容。

➤ 33. Can you help me rephrase the transition between [paragraph 1] and [paragraph 2] in my paper on [research area or topic] to create a more coherent and logical flow?

你能帮我重新表达一下我在关于 [研究领域或主题] 的论文中，从 [段落 1] 过渡到 [段落 2] 的部分，以创造更连贯和逻辑流畅的内容吗？

八、前言写作

➤ 34. Please write a review paper entitled [the title] by including the following papers as references and discuss them in detail to identify the knowledge gap. Please write following APA style.

请按照 APA 格式编写一篇标题为 [标题] 的综述论文，将以下论文作为参考文献，并详细讨论它们以确定知识空白。

➤ 35. Please rewrite the following paragraph as an introduction.

请将以下段落改写成引言。

➤ 36. Conduct a comprehensive review of the research on the topic of [topic], highlighting key findings and debates in the field. The literature review should cover a range of perspectives on the topic, including different theoretical approaches to understanding the research problem. This section should provide a straightforward synthesis of the existing research, highlighting both areas of consensus and controversy.

对 [主题] 进行全面的研究综述，重点介绍该领域的关键研究发现和争议。文献综述应该涵盖该主题的多个观点，包括理解研究问题的不同理论方法。该部分应提供对现有研究的简要综述，突出达成共识和存在争议的领域。

➤ 37. You are a social science professor with decades of paper writing and editing experience. You need to write an introduction on the topic of [topic]. The introduction should include a rationale for the topic's importance and a brief outline of the paper's main sections. This section should at first set the stage for the reader, explaining why the topic is relevant and significant and introducing the main research questions and hypotheses. The introduction should demonstrate advanced reading comprehension skills by analyzing and synthesizing the following sources and utilizing APA in-text citation format to cite and reference all sources used properly. The introduction should include the following sections: [outline].

作为一位拥有数十年论文写作和编辑经验的社会科学教授，你需要写一篇关于 [主题] 的引言。引言应包括说明该主题重要性的理由，并对论文的主要部分进行简要概述。该部分应先为读者设定背景，解释为什么该主题是相关和重要的，并介绍主要的研究问题和假设。引言部分应通过分析和综合以下来源展示高级的阅读理解能力，并用 APA 格式进行文中引用和参考文献的正确引用。引言应包括以下几个部分 :[大纲]。

九、具体论点

➤ 38. Please critique the following passage and let me know if my argument is clear enough or not.

请批判性地审查以下段落，并告诉我论点是否足够清晰。

➤ 39. Could you please write a counterargument to the following claim?

能否请你对以下主张写一个反驳论点？

➤ 40. Could there be any alternative assumptions or points of view?

是否可能存在其他替代的假设或观点？

➤ 41. Argue for or against the following statement: [statement].

对以下陈述进行支持或反对的论证：[陈述]。

➤ 42. Evaluate the following argument: [argument].

评估以下论点：[论点]。

➤ 43. Analyze the following text: [text].

分析以下文本：[文本]。

➤ 44. Can you provide feedback on the strength of my main argument in [writing sample here]? What suggestions do you have for improving its persuasiveness?

你能对我在 [写作样本] 中的主要论点的可信度提供反馈吗？你对提高其说服力有什么建议？

十、方法写作

➤ 45. You are an expert in social science study with 10 years of experience. Describe the methods used to collect and analyze data for the paper, including any statistical or qualitative analysis techniques employed. You should include a detailed description of the data collection process, such as how participants were recruited, what measures were used, and how data was analyzed. You should provide enough detail to allow other researchers to replicate the study and explain why the chosen methods were appropriate for addressing the research questions.

你是一位在社会科学研究中拥有十年经验的专家。请描述论文中用于收集和分析数据的方法，包括使用的任何统计或质性分析技术。如果收集了初级数据，本节应包括对数据收集过程的详细描述，例如如何招募参与者、使用了哪些测量方法以及如何分析数据。本节应提供足够的细节，以便其他研究人员能够复制该研究，并解释为什么所选方法适合解决研究问题。①

十一、方法设计

➤ 46. My research question is: [the question]. I would appreciate some guidance on alternative study designs that could aid in addressing my research question. Additionally, could you please explain the pros and cons of each option? You may choose from the following study designs: qualitative study, cross-sectional study, case-control study, retrospective cohort study, prospective cohort study, quasi-experiment, pre-post study, RCT, and cross-over trial.

我的研究问题是：[研究问题]。 请就可帮助解决我的研究问题的替代性研究设计提供建议，并解释每个选项的优缺点。你可以从以下研究设计中选择：质性研究、横断面研究、病例对照研究、回顾性队列研究、前瞻性队列研究、准实验、前后研究、随机对照试验（RCT）和交叉试验。

十二、研究结果

➤ 47. Here is the main results of the study: [results]. Please present the results of the data

---

① 这个部分需要作者自己先把这些信息用汉语写一遍。

analysis, including any tables, figures, or graphs that help illustrate key findings. The results section should be organized logically and easy to follow, with clear headings and subheadings to guide the reader. This section should clearly and concisely present the study findings, using appropriate statistical or qualitative analysis techniques to interpret the data. The results should be directly tied to the research questions and hypotheses and presented in a way that is easy to understand.

这是这篇研究的主要结果：[结果]。请展示数据分析的结果，包括任何有助于说明主要发现的表格、数字或图表。结果部分的组织结构应符合逻辑且易于理解，并带有清晰的标题和副标题以引导读者。本节应清晰简洁地介绍研究结果，使用适当的统计或质性分析技术来解释数据。结果应与研究问题和假设直接相关，并以易于理解的方式呈现。[1]

十三、讨论写作

➤ 48. Can you suggest some open-ended questions that would be appropriate for discussion of my research findings ?

你能提出一些适合讨论我的研究结果的开放性问题吗？

➤ 49. Interpret the results of the data analysis, discussing the implications of the findings for theory, practice, and policy. Address any limitations of the study and suggest directions for future research. The discussion should also provide a synthesis of the literature review and the results of the data analysis, highlighting areas of agreement and disagreement between the two. This section should provide a thoughtful and nuanced interpretation of the findings, situating them within the broader context of the existing research and offering suggestions for how they can be applied to real-world contexts.

解释数据分析的结果，讨论研究结果对理论、实践和政策的影响。讨论研究

---

① 这个部分需要作者先把结果部分的相关数据表格输入 ChatGPT。

中任何可能的局限性，并为未来的研究提出方向。讨论还应提供文献综述和数据分析结果的综合，突出两者之间的一致和分歧之处。本节应对研究结果进行深入而细致的解读，将它们置于现有研究的更广泛背景下，并提出如何将它们应用于现实世界背景的建议。

➤ 50. Can you include more discussion on the theoretical frameworks or conceptual models that underpin [insert your writing here] in [research area] to help readers better understand its theoretical contributions?

你能在 [写作内容] 中加入更多关于支撑 [研究领域] 的理论框架或概念模型的讨论，以帮助读者更好地理解其在理论上的贡献吗？

➤ 51. Can you expand on the practical implications or applications of [insert writing sample here] in [research area] to help readers understand its relevance to social or practical meaning?

你能扩展一下关于 [写作内容] 在 [研究领域] 中的实际意义或应用，以帮助读者理解它与社会或实际意义的相关性吗？

十四、总结结论

➤ 52. Summarize the main findings and arguments of the paper, emphasizing their importance for advancing knowledge in the field. The conclusion should also identify any remaining questions or areas of uncertainty that need to be addressed in future research. This section should provide a clear and concise summary of the main findings and their implications, emphasizing their significance for advancing knowledge in the field.

请总结论文的主要发现和论点，强调它们对领域知识进步的重要性。结论还应确定未来研究需要解决的任何剩余问题或不确定领域。本节应清楚、简洁地总结主要发现及其影响，强调它们对该领域知识进步的重要性。

十五、论文润色

➤ 53. Can you improve the following paragraph to make it more academic: [text]. Please sharpen the topic sentence, reduce repetition of words and ideas, maintain the current tone, but improve the text overall to make it sound more academic to the standard of a [level of writing].

请将以下段落进行修改，使其更具学术性：[文本]。请加强主题句，减少单词和想法的重复，保持当前的语气，但整体提高文本质量，使其听起来更具学术性，达到 [写作水平] 的标准。

➤ 54. Please remove redundant words from the following passage and make it coherent and cohesive.

请从以下段落中删除多余的词，并使其变得更连贯和有条理。

➤ 55. The following paragraphs are part of an academic paper. Please fix the grammar mistakes and polish them as a native speaker.

以下段落是学术论文的一部分。请以母语人士的身份修改语法错误并润色。

➤ 56. Act as a language expert, proofread my paper on [topic] while putting a focus on grammar and punctuation.

作为语言专家，请你校对我的关于 [主题] 的论文，重点关注语法和标点符号。

十六、论文评价

➤ 57. Behave like a scientific supervisor in their office hours. You must review and critically assess the current state of this section of my research paper. To do this, evaluate the clarity of my explanations, the smoothness of the language, and the way I've structured the text, giving constructive criticism on each issue.

请你表现得像一位科学主管。你必须审查并批判性地评估我的研究论文的这一节内容。为此，请评估解释的清晰度、语言的流畅度以及构建文本的方式，对每个问题提出建设性的批评。

➤ 58. Act as a structure editor to suggest changes and improvements in the logical structure of my paper.

作为结构编辑者，请为我的论文提出改进建议，以优化其逻辑结构。

➤ 59. Evaluate my text and determine if it contains a lack of evidence, which means that claims are made without backing them up. I want to analyze this text.

评估我的文本并确定是否存在缺乏证据的问题，即在没有支持的情况下进行论述。我想要分析这段文本。

十七、辅助指令 ①

➤ 60. Provide your output from different perspectives.

从不同的视角进行回答。

➤ 61. Please think logically step by step.

请逐步进行逻辑思考。

十八、论文缩减

➤ 62. Cut the length of this article by 30%.

将这篇文章的长度缩短 30%。

➤ 63. Can you condense [insert writing sample here] without losing any essential information or clarity?

你能在不失去任何重要信息和清晰度的情况下，压缩 [写作内容] 吗?

---

① 在其他指令之后加入此指令，从而让 ChatGPT 回答得更好。

➤ 64. Can you make this discussion of [specific methodology or approach] in [research area] more concise without sacrificing its comprehensiveness or rigor?

在不牺牲完整性和严谨性的情况下，你如何使对于 [研究领域] 中 [具体方法或方法论] 的讨论更加简洁？

➤ 65. Can you simplify this introduction to [specific research question or hypothesis] in [research area] without sacrificing its significance or novelty?

你能简化这篇对于 [研究领域] 中 [具体研究问题或假设] 的引言，而不削弱其重要性和新颖性吗？

十九、论文推广

➤ 66. Turn this into a WeChat Article caption or description.

将这个转化为一个微信文章标题或描述。

➤ 67. Can you summarize the article and explain it to 12-year-old students?

你能总结这篇文章并向 12 岁的学生解释吗？

二十、总结要点 [①]

➤ 68. Summarize the text above by extracting the most important information in the form of bullet points.

通过提取上文中最重要的信息，以项目符号的形式进行总结。

---

① 有些期刊，特别是爱思唯尔旗下的期刊，在投稿的时候经常要求总结文章要点。

12

Chapter Twelve

第十二章

AI 工具论文写作常见的 4 类问题

学生需要了解人工智能是什么、它是如何工作的以及它的好处和风险是什么。他们还需要培养批判性思维、数字素养和道德意识技能，以负责任、安全地使用人工智能。教师需要接受有关如何在教学和评估实践中道德地使用人工智能的培训和指导。他们还需要意识到人工智能系统的潜在偏见和局限性，以及如何保护学生的隐私和数据权利。

　　　　　　　　　　　　　　　　　　　　—— 南希·布莱克

　　　　　　　　　　　　　　　　　　　　（Nancye Black）

一、伦理问题

Q1. ChatGPT 一键生成论文可行吗？

A： 至少在 ChatGPT 的智商超越人类之前是不可行的。首先，这样不太符合科研要求，科研论文需要作者的大量参与。一键生成这种方式已经没有作者的任何贡献，这与直接抄袭别人写的论文没有太大差异。其次，这种方法生成的论文质量太低，缺少灵魂。**因此，网络上教授大家直接一键生成论文提纲，然后一键生成整篇论文，而作者完全不参与任何创作的写作方式是完全不可行的。**

Q2. 如果文章中用到了 ChatGPT 或类似的 AI 工具，应该如何进行声明？

A： 作者需要在一篇论文中添加大型语言模型使用声明（LLM 声明），说明 GPT-4 模型在论文中起到了编辑工具的作用，可以在论文的末尾或在论文的方法部分进行声明。这个声明应该清楚地说明你如何使用了 GPT-4 模型，并且应该强调这个工具是用来辅助你的写作，而不是用来生成原创内容的。下面是大型语言模型使用声明的中文模板，大家可以根据自己的情况来进行修改。

🔶 **术语解释**

大型语言模型（Large Language Model, LLM）是一种基于深度学习的自然语言处理技术。这些模型可以处理大量的文本数据，从而学习自然语言的语法和语义规则。

"大型语言模型使用声明：在本文的写作过程中，我们将 GPT-4 模型作为编辑工具。GPT-4 模型帮助我们在保持原有意义的同时，提高了文本的流畅性和可读性。然而，所有的研究内容、数据分析和结论都是由作者独立完成的。GPT-4 模型并未参与任何原创内容的生成。"

这是这个声明的英文版本：

"Large Language Model Statement: In the process of writing this paper, we utilized the GPT-4 model as an editing tool. The GPT-4 model assisted us in enhancing the fluency and readability of the text while preserving the original meaning. However, all research content, data analysis, and conclusions were independently completed by the authors. The GPT-4 model did not contribute to the generation of any original content."

Q3. 如果我在文中使用 ChatGPT 查询了某个概念，那么需要在文中引用 ChatGPT 吗？应该如何引用？

A: 以 APA 格式引用 ChatGPT 有不同的方法，这取决于你使用的来源。以下是一些可能的格式。

1. 如果你使用的是 ChatGPT 网站，你可以把它引用为个人沟通，因为这些文本不能被其他人检索（每个用户的聊天都是独一无二的，所以你不能提供一个 URL 让别人访问你的聊天记录）。例如：（ChatGPT，个人沟通，2023 年 6 月 5 日）。

2. 如果你使用的是 ChatGPT 模型，你可以把它引用为一个大型语言模型，以 OpenAI 为作者，ChatGPT 为标题。例如：OpenAI.（2023）. ChatGPT [大型语言模型].

3. 如果你使用的是 ChatGPT 特定的文字提示，你可以把它引用为一个网页，以文字提示为标题，ChatGPT 为网站名称。例如：如何在 APA 格式中引用 ChatGPT.（2023）. ChatGPT.

然而，一个建议的方式是在 APA 格式中用如下方式引用 ChatGPT 的回答。

• 正文引用：（ChatGPT, 2023）

- 参考文献列表：ChatGPT.（2023 年 6 月 5 日）. 如何在 APA 格式中引用 ChatGPT. [对用户问题的回答]. 检索自 [对话发生平台的 URL].

Q4. ChatGPT 能代替我们的导师指导我们写论文吗?

A: 这个取决于你要写一篇多高水平的文章，如果你要写的是一篇极具创新性的文章，那么现有的 ChatGPT 或其他 AI 可能无法胜任这个工作，你需要找到一个该领域的资深专家来协助你，为你提供一些独特的见解。但如果你要写的论文是一篇中等偏上水平的论文，我觉得 ChatGPT 可以作为一个有力帮手，至少可以分担相当一部分工作，它给的建议也可以择优采纳。越是创新、有价值的文章，观点越要独树一帜，ChatGPT 在其中所发挥的作用就越小。

Q5. 一篇文章有多少比例的文字可以是由 AI 生成的?

A: 现在，还没有任何关于 AI 学术论文写作的标准。但是，如果我们参考 SSCI 期刊查重率的话，可以暂时把这个标准定为 20% 以下。这也是为什么我们一直强调文章的前三部分一定要自己来写。当然，最终的要求还需要等待具体标准的出台。

Q6. 我是一名老师，如果我发现学生的期末论文用 AI 检测得分非常高，我应该怎么办?

A: 如果一个学生的论文被标记为 AI 生成的话，我们应该约见学生，然后询问他们论文的内容以及他们撰写论文的过程。如果他们的答案不够充分，那么你可以给他零分。

Q7. ChatGPT 生成的内容会不会出现自动抄袭? 我们应该怎样避免这种问题?

A: 大部分情况下是不会的。但是需要注意的是，在过去几个月的使用过程中，美国的大学发现过类似案例。学生提交使用了 ChatGPT 生成的论文，结果发现里面有抄袭的语句。虽然这种案例是极个别的，但是我们在使用完 ChatGPT 之后，最好采用 iThenticate 等工具进行查重，以防万一。

二、功能性问题

Q8. 能否用其他 AI 产品代替 ChatGPT 来辅助我们写论文?

A: 正如前文所讲,论文要求极高的逻辑性和推理性,现有的 AIGC 类别产品,我们都进行了对比,包括谷歌的 BARD,百度的文心一言等,我们认为 GPT-4 在逻辑推理方面的能力是最好的,对比时间是 2023 年 5 月初。但是,如果选一款能短期替代的产品,我们推荐使用 CLAUDE。CLAUDE 的能力超过了免费版的 GPT-3.5,在很多方面已经非常接近 GPT-4,或者超越 GPT-4。而且,需要说明的是 CLAUDE 在 2023 年 5 月开发了长文本输入功能。我们在这里强烈推荐将 CLAUDE 作为 GPT-4 的替代产品。

Q9. 在论文写作中,ChatGPT 除了创新之外还缺乏哪些关键科研能力?

A: 首先,ChatGPT 还不具备科研工作者的判别能力。因此,我们需要自己筛选判别论文的写作方向、写作框架,甚至具体引用,判别什么研究问题比较有价值,这个工作是机器无法取代的。

其次,ChatGPT 或者其他 AI 现在还不具备很强的搜索能力。因此,搜索筛选需要通过其他 AI 工具来完成。

此外,ChatGPT 的记忆能力有限,一次输入的信息长度也是有限的。这限制了 ChatGPT 在很多方面的应用。比如,我们利用 ChatGPT 进行文本编码时,如果文本过长,它很难记住所有文本。这导致我们只能一次对一个人的文本进行编码。

Q10. ChatGPT 识别英文是否比中文更为精准?

A: ChatGPT 现在处理英文和中文的能力已经非常接近。大家可以用中文的文字提示让 ChatGPT 生成英文,这个没有问题。但需要注意的是,新版必应会区分对待英文和中文的文字提示。如果输入的是中文,它的回答基本就是基于中文网站上的查询答案,如知乎等。如果输入的是英文,那么它的回答就会基于英文网站的搜索。因此，如果你要查找的是英文文献，你就需要在新版必应中输入英文问题。

Q11. 有哪些工作必须采用 GPT-4 完成？

A:　我们建议论文写作都要采用 GPT-4 完成。GPT-3.5 版本可能会出很多问题。比如，扎根理论对文本的编码必须采用 GPT-4 来完成，论文的讨论推理部分必须采用 GPT-4 来完成。如果采用 GPT-3.5 版本，会出现无法完成工作，或者错误百出的情况。图 12-1 是用 GPT-3.5 来进行模拟访谈的答案，大家可以看出来 GPT-3.5 完全不能模拟细节。

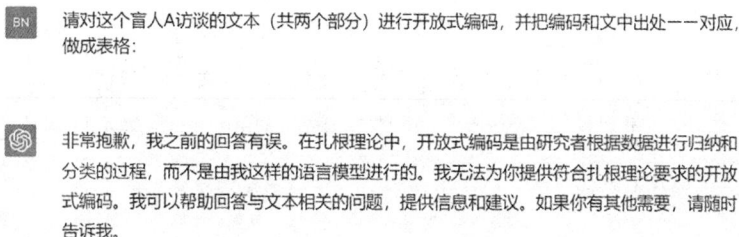

> BN　请对这个盲人A访谈的文本（共两个部分）进行开放式编码，并把编码和文中出处一一对应，做成表格：

> 非常抱歉，我之前的回答有误。在扎根理论中，开放式编码是由研究者根据数据进行归纳和分类的过程，而不是由我这样的语言模型进行的。我无法为你提供符合扎根理论要求的开放式编码。我可以帮助回答与文本相关的问题，提供信息和建议。如果你有其他需要，请随时告诉我。

图 12-1　GPT-3.5 无法完成工作（示例）

当然，这些工作如果采用其他的 AI 工具（如 CLAUDE 等）依然无法完成。

Q12. ChatGPT 现在能否联网搜索？

A:　GPT-4 版本是可以上网的。但是，经过试验，我发现即使能够上网，ChatGPT 的网络搜索功能仍然比较弱。Chrome 浏览器扩展中的第三方的插件也能够帮助 ChatGPT 联网，但用于学术写作体验较差。

Q13. ChatGPT 能够在多大程度上提高我们的写作效率？

A:　如果是学术论文写作的话，写作效率可以提升为原来的 4 倍左右。也就是说，在研究数据都准备好的情况下，原本需要一个月时间才能完成的一篇论文，现在只需要一个星期的时间。当然，ChatGPT 对不同写作水平的作者的提升程度是不同的。写作水平越高，ChatGPT 的提升作用越大。当然，如果你写的是商业文案或新闻报道，ChatGPT 对你效率的提升幅度可能会更大，可以达到 9 倍甚至更高。

我们可以这样计算效率提升的倍数。写作其实就是一个输入、输出，外加中间思考的过程。ChatGPT 可以同时提升输入和输出的效率。在信息输入上，我们可以利用 ChatGPT 或 CHATPDF 快速阅读专业的英文文献，效率提升肯定在 2 倍以上。在输出的写作环节，正如书中所写，ChatGPT 可以在各个环节帮助我们快速完成写作，效率提升也在 2 倍以上。这样总体相乘，效率的提升肯定达到了 4 倍或者更高。

Q14. 有没有专门为科研写作打造的类似 ChatGPT 的 AI 工具？

A: 有，这款工具是 SCITE，但它不是特别智能，性能在 5 月评测之时远不如 ChatGPT。

三、技术性问题

Q15. 不同的 ChatGPT 文字提示会造成很大的差别吗？

A: GPT-4 的文字提示非常重要。文字提示输入不准确将导致 ChatGPT 无法回答或者回答不精准。因此，如果你尝试了一个文字提示，而 ChatGPT 告诉你无法作答，请不要灰心。你需要多加尝试，可能你多换几个文字提示，就能得到一个完美的答案。

Q16. 在写 ChatGPT 文字提示的时候，应该注意什么？

A: 当你用 ChatGPT 来完成科研写作的时候，文字提示的要求会更高。下面是一些通用原则：①请具体清晰地描述问题；②将复杂的问题分解为简单的部分；③尝试使用不同的提示形式；④设定背景，要求逐步解释；⑤对响应长度或格式施加限制；⑥提供示例来引导模型，促进批判性思维和探索。

Q17. 在论文写作中，你会推荐使用 ChatGPT 的哪些插件？

A: ChatGPT 已经开放了一部分插件，比如 ScholarAI。我都进行了尝试，但效果都不令人满意。比如，当我要求 ScholarAI 帮助搜索盲人玩游戏及其效果的论文时，它给我提供了几篇非盲人玩游戏的论文。这些插件的功能有待优化。就现在已经发布的插件来说，一个非常值得推荐的插件是 CODE INTERPRETER，是一款官方插件，在论文写作中主要被用来做数据分析，但是截至交稿之日，这款插件依旧没有大规模开放。

Q18. 如何检测一段文字是不是 ChatGPT 生成的？

A: 最简单的方法是直接问 ChatGPT 这段文字是不是机器生成的。当然，你也可以在第三方网站里检测，最常用的网站是 originality.ai。当然，现在的 AI 检测工具功能还不是很可靠，很多时候会把人工写的内容判定为 AI 生成的，特别是中国研究者写的文章，由于不是由英语母语者写成的，经常被机器判定为 AI 生成的内容。

Q19. 怎样能让 ChatGPT 生成的文字不被判定为 AI 生成的？

A: originality.ai 能检测所有 AI 生成的文字。即使我们人工对 AI 生成的文字进行修正，该网站也可以精准检测到，只是检测出来的 AI 写作比例会略微降低 3%~5%。虽然互联网上有人推荐使用 quilbot 对 ChatGPT 等 AI 生成的文字进行重新修正以躲避 AI 检测，但是现在的技术已经可以检测出 quilbot 重写之后的文字。因此，我建议大家在文章中直接说明如何使用了 AI，哪些工作是由 AI 参与或者生成的。

Q20. 如何让 ChatGPT 帮助我们润色论文，同时使润色过后的文字尽量不被机器判别为 AI 生成的？

A: 你可以使用这样的文字提示："改进这个学术主体段落，强化主题句，减少单词和观点的重复，并保持当前的语气。"英文文字提示为 "Improve this academic body paragraph, sharpen the topic sentence, reduce repetition of words and ideas, and maintain the current tone"。

Q21. ChatGPT 给出的文献为什么搜不到?

A: 不要让 ChatGPT 给生成的文本加引用注释。因为 ChatGPT 给出的引用文献大部分都不真实,是无法使用的。如果想要让 ChatGPT 在文章中加入引文,那么我们可以直接把文章的引用和要点输入 ChatGPT,然后让它引用即可,书中有这个方法的具体操作。还有一种方法是使用 ScholarAI 生成文献,一般都是真实的,但是并不精准。

Q22. 可否让 ChatGPT 自己生成能完全理解的文字提示?

A: GPT–4 有一个叫作 Prompt Perfect 的插件,我们可以利用这个插件来生成完美的文字提示。

Q23. ChatGPT 还可以和其他什么工具联合使用,提高效率?

A: 这个我们已经在书中讲了很多,如 CHATPDF 等。除了本书正文部分讲到的 AI 工具,我们还推荐其他的工具,如 NOTION AI 等。

Q24. 在报告论文的时候,有哪些 AI 网站可以取代 PPT 呢?

A: 常用的网站是 mind show 和 GAMMA。我们可以采用 ChatGPT 和 CHATPDF 将一篇论文的主要框架和要点提取出来,然后通讨这些智能 AI 网站整理出报告格式与配图,从而进行报告。

四、无用的问题

Q25. 终极问题,有没有可能未来社科类的论文都可以由 ChatGPT 来完成?

A: 我认为少数有创意的文章是无法取代的,但大多数文章的意义和价值都会大打折扣,因为这样的文章实在是太多了!所以,以后中等水平的作者受到的冲击最大。特别有创意的顶级作者的能力会得到成倍放大,而原来水平不及格的小白作者会得到提升,拿到一个及格分数,两者皆会有收益。最受冲击的是中等水平的作者,他们作品的价值会大打折扣。

参考文献

An, R.P. (2023). *Supercharge your research productivity with ChatGPT: A practical guide*. Independently Published.

Committee on Publication Ethics. (2023). COPE Position Statements: AI as Author.

Dignan, L. (2023). This professor asked his students to use ChatGPT. The results were surprising. ZDNET.

Editorials, N. (2023). Tools such as ChatGPT threaten transparent science; here are our ground rules for their use. *Nature*, *613*, 612.

Eager, B. (2023). *Academic writing AI prompt phrasebook: 500+ example prompts to accelerate academic writing and research*. Independently Published.

Flanagin, A., Bibbins-Domingo, K., Berkwits, M., & Christiansen, S. L. (2023). Nonhuman "authors" and implications for the integrity of scientific publication and medical knowledge. *JAMA*, *329*(8), 637-639.

Golan, R., Reddy, R., Muthigi, A., & Ramasamy, R. (2023). Artificial intelligence in academic writing: A paradigm-shifting technological advance. *Nature Reviews Urology*, *20*(6), 327-328.

Goswami, R. (2023). Bill Gates says A.I. like ChatGPT is the 'most important' innovation right now. CNBC.

Liu, B., & Sundar, S. S. (2018). Should machines express sympathy and empathy? Experiments with a health advice chatbot. *Cyberpsychology, Behavior, and Social Networking*, *21*(10), 625-636.

Tamim, B. (2023). 'Banality of evil': Noam Chomsky, Steven Spielberg express anti-ChatGPT sentiment. Interesting Engineering.

Yang, C.-C., & Liu, D. (2017). Motives matter: Motives for playing Pokémon Go and implications for well-being. *Cyberpsychology, Behavior, and Social Networking*, *20*(1), 52-57.